U0677627

治理与发展

——繁荣哲学社会科学论坛（二）

主　编　王　强
副主编　周志强　梁国利

东北大学出版社
·沈　阳·

© 王 强 2022

图书在版编目（CIP）数据

治理与发展：繁荣哲学社会科学论坛. 二 / 王强主
编. — 沈阳：东北大学出版社，2022.12
ISBN 978-7-5517-3077-8

Ⅰ. ①治… Ⅱ. ①王… Ⅲ. ①高等教育—研究—中国
Ⅳ. ①G649.2

中国版本图书馆CIP数据核字（2022）第257939号

出 版 者：东北大学出版社
　　　　　地址：沈阳市和平区文化路三号巷11号
　　　　　邮编：110819
　　　　　电话：024-83680267（社务部）　83587331（营销部）
　　　　　传真：024-83683655（总编室）　83580180（营销部）
　　　　　网址：http://www.neupress.com
　　　　　E-mail:neuph@neupress.com
印 刷 者：辽宁一诺广告印务有限公司
发 行 者：东北大学出版社
幅面尺寸：210 mm × 285 mm
印　　张：10.25
字　　数：289千字
出版时间：2022年12月第1版
印刷时间：2022年12月第1次印刷
责任编辑：汪彤彤　杨　庶
责任校对：张　媛
封面设计：潘正一
责任出版：唐敏志

ISBN 978-7-5517-3077-8　　　　　　　　　　　　　　定价：68.00元

前　言

　　党的十八届三中全会提出国家治理体系和治理能力的现代化，就是使国家治理体系制度化、科学化、规范化、程序化，从而把中国特色社会主义各方面的制度优势转化为治理国家的效能。治理是发展的前提，发展是时代的主题。大学同样需要治理体系和治理能力现代化，让大学实现更高水平和更高质量的发展。大学党建的要义就是要做到"一融两引"，也即党建要与业务深度融合，引领高校治理，引领高质量发展，这是大学党建的核心价值和根本使命。

　　大学的治理涉及方方面面。立德树人、协同发展、文化建设、科学研究和服务社会等问题具体到一所高校，既需要理论探讨，还需实践检验，更需要深入研究。立足现实、抓住重点，深探理论、深究实践，是高校治理体系构建、治理能力提升的有效途径。

　　做好自身治理是学校的根本，参与社会治理是学校的责任。面对新时代、新机遇、新要求，城市社区养老、"体医融合"养老、精准扶贫、新一代人工智能、化工企业安全风险意识培养和体系优化、供应链金融发展等问题均需要深入探讨。在文化强国背景下，世界文化遗产文创产品和旅游文创 App 应用等也需要深入研究。

　　本论文集汇集沈阳化工大学繁荣哲学社会科学第一届论坛的文章，既是对治理与发展从高校视角的审视，也是对社会问题的积极回应。既坚持理论联系实际，围绕国家、社会、学校的治理与发展以及辽宁全面振兴等相关研究领域开展全局性、前瞻性、针对性研究，充分发挥思想库和智囊团作用，为决策者和研究人员提供参考与咨询等服务，同时，全面推进学校哲学社会科学各领域深入发展，为繁荣校园文化、服务辽宁振兴发展，为实现中华民族伟大复兴的中国梦贡献智慧和力量。

　　在本论文集完成过程中，杨庶博士克服种种困难、倾其所能对所有文章进行了审阅、整理和文本编辑等工作，在此特别说明并深表感谢。

主编签名：

2022 年 10 月

目　录

思政教研

教育研究

校园文化

经济管理

社会治理

技术创新

语言研究

思政教研

新时代高校思想政治工作者的能力素养

谭　林　张　伟　李亚鹏

沈阳化工大学

摘　要： 高校思想政治工作者的素质与能力高低制约着其工作的效果与目标达成。新时代新征程，作为高校思想政治工作者，首先要树立马克思主义坚定信念，做政治上的"明白人"；要增强自身道德素养，做廉洁勤政的"清白人"；要提高专业管理能力，做思政教育的"懂行人"；要提升服务水平，做学生生活的"贴心人"。

关键词： 新时代；高校；思想政治工作者；素养

重视思想政治建设是中国共产党的优良传统。实践证明，任何事业的成功都离不开正确的思想引导，举什么旗、走什么路，决定着目标和方向。在我国，高校承担着培育社会主义新人的重担，为我国的现代化事业培育建设者，为我国的社会主义法治培养可靠接班人。责任重大，使命光荣。

习近平总书记在党的十九大报告中指出："经过长期努力，中国特色社会主义进入了新时代，这是我国发展新的历史方位。"[1] 10在人类历史发展进程中发生过许多重大事件，这些事件为人类发展写下了注脚。随着新型冠状病毒肺炎疫情在全球不断蔓延，因病感染人数触目惊心。疫情给全世界的经济、政治、社会、公共卫生等各个领域带来了前所未有的危机。当前，国际整体经济发展低迷，部分国家和地区军事冲突时有发生，全球处于百年未有之大变局中，中国特色社会主义事业发展经受着国际与国内的双重考验。作为高校思想政治工作者，作为当代大学生的教育者，面对如此纷繁复杂的国际国内情况，必须要时刻保持清醒的头脑，用马克思主义科学的理论武装头脑，用唯物主义分析问题、解决困难，要给大学生以正确的价值指引，筑牢共产主义理想信念，引导学生坚定"四个自信"，坚定不移走中国道路。

在大学生思想政治教育工作中，高校要坚持中国共产党的领导、维护党的核心，不打折扣地将党的政治纲领、政治主张和路线、方针、政策落到工作实处。作为高校思想政治工作者，必须要坚定共产主义理想，做到道路自信、理论自信、制度自信、文化自信；必须坚持用马克思主义的理论指导实践，做到学以致用；必须坚守中国特色社会主义发展方向，做到道路自信。这就要求我们保持谦逊的态度，树立持续学习、终身学习的学习观念，特别是加强马克思主义科学理论体系的学习，用马克思主义中国化、时代化的最新理论成果指导实践，不断提升自身的工作水平，不断增强解决问题的能力。更为重要的是，在这个创新发展的新时代，要敢于破除思想上的束缚，勇于打破陈规，善于应用新技术、新方法，开拓进取、求真务实，努力解决工作中遇到的新情况、新挑战，不断提高工作的针对性和实效性。

1　提高马克思主义理论水平，做政治上的"明白人"

新时代的到来，特别是数字技术、信息技术和互联网络技术的发展，为大学生文化素质和社会知识的增长提供了更加便利的条件，这也对高校思想政治工作者的知识、能力和素质提出了新的要求。高校思想政治工作者要加强政治素质建设，这是首先要解决的问题，也是关键问题。第一，加强党性修养建设，提升宗旨意识。只有牢记初心和使命，才能在复杂多变的环境中坚定不移地做到坚定"四个自信"、做到"两个维护"。第二，增强服务意识，想学生之所想、急学生之所急。脚踏实地做好本职工作，不忘初心和使命，全心全意为学生服务，不辜负党和人民的期望。第三，立德修身，奋发向上，提升道德修养，树立远大的理想目标，将自己的命运同民族复兴融合起来，将个人成长与祖国现代化事业发展融合起来，将个人荣辱与祖国兴衰融合起来，不断激励自己在实现中华民族伟大复兴的征途上奋勇前进。

在高校，思想政治工作者担负着向学生宣传贯彻党的路线方针的重要任务，就是要通过教育手段帮助当代大学生坚定共产主义远大理想，帮助大学生树立正确的世界观、人生观和价值观，为我国现代化事业培育接班人。习近平总书记说："青年一代有理想、有本领、有担当，国家就有前途，民族就有希望。"[1] 70 2020年，新型冠状病毒肺炎疫情不仅来势凶猛，而且蔓延迅猛、危害严重，给全世界、全人类带来了重大灾难。面对疫情大考，党和政府不惧艰险，采取了科学有效的防控措施，展现了卓越的应对风险能力和科学防治水平，为全世界提供了经验借鉴。当前，世界各国在疫情防控上采取的措施和取得的效果不尽相同，对比之下更加突显了中国共产党执政能力的坚强有力，再次用生动的实践向全世界证明了中国特色社会主义制度的优越性，充分展示了中国共产党在应对公共危机问题上的智慧。

作为高校思想政治工作者，开展大学生思想政治教育，提升教育的实效性，就不能闭门造车，而是必须在教育过程中及时回应学生的社会关切，做好焦点、热点新闻事件解读，向大学生讲好中国故事。开展思想工作，既要告诉大学生什么是正确的、什么是应该坚持的，又要告诉大学生什么是不正确的、什么是应该摒弃的。在当代中国，郭明义、黄大年、曲建武、张富清等先进人物，他们用实际行动书写了爱国主义和奉献精神，成为我们学习的时代楷模。对于这些先进人物、先进事迹，我们要主动出击，加强正面宣传，让大学生了解他们的事迹、学习他们的高尚品质。同时，要引导大学生正确认识和判断生活中出现的各种社会思潮和错误的价值观念，教育引导大学生的思想与行为向着符合党和人民要求的方向发展，防止消极价值观的影响。

高校思想政治工作者要树立终身学习的观念，要勤于学习、善于学习，要了解党的政策、熟悉党的政策，这样才能在实践的锻炼中不断提高政策水平。马克思说："理论一经掌握群众，也会变成物质力量。"[2] 只有让理论成为解决问题的金钥匙，才能让理论更有说服力，才能让理论走进大学生的内心。我们要坚决反对"教条主义"和"本本主义"，不能坐而论道。特别是在新时代的背景下，要善于运用新的科学技术手段，紧密联系工作实际，用新技术服务新时代，在工作中探索新思路、新方法，因地因时科学高效落实党的各项政策。"不唯书、不唯上"，在实践中锻炼自己，既要把握政策的原则性，又要提高工作的灵活性。党的十九大以来，我国社会和各项事业发展进入新常态，市场和政府在资源配置中的作用发生了深刻变革，这为思想政治工作者提供了一定的创造自由，同时对思想政治工作者理解和掌握政策的能力和水平提出了更高的要求。新时代、新变化、新问题、新挑战，思想政治工作者既要解放思想，又要与时俱进，在求真务实中不断更新观念、创新工作载体、激发工作活力、提高工作水平。

2　增强自身道德素养，做廉洁勤政的"清白人"

高校思想政治工作者要注重自身道德素质建设，不断提高思想道德水平。"巧言令色鲜矣仁。"

学高为师，身正为范。作为青年大学生的教育者和管理者，高校思想政治工作者首先要做到言行一致，要带头做社会主义核心价值观的践行者。要自觉倡导文明的道德风尚，积极做先进道德的模范。要自觉加强职业道德建设，做人正直、做事公正，加强自身人格修养和品格修养，清正廉洁、自省自律。

子曰："其身正，不令而行；其身不正，虽令不从。"[3] 136 "苟正其身矣，于从政乎何有？不能正其身，如正人何?"[3] 138教师以身示范是一种无形的力量，可以给学生的思想和行为带来潜移默化的影响。作为对大学生进行社会主义核心价值观教育的主要力量，高校教师一定要规范言行、自律自省、以身作则，用自己的模范行为去影响和感化学生。一个人自身行为端正，其言论才会有说服力。高校思想政治工作者必须要加强自身的道德修养，才能用自己的优秀道德品质感染学生、鼓舞学生、熏陶学生。第一，要深刻认识思想政治工作的政治性原则和党性原则。思想政治工作者要廉洁自律、奉公守法、遵章守纪，严守道德底线和法律红线，努力为学生树立先进榜样。第二，进入新时代，思想政治工作者要以高尚的人格魅力和优良的道德品质为受教育者树立榜样，培养青年大学生树立正确的政治方向，培育和涵养社会主义核心价值观。坚持做到严于律己，时时刻刻保持敬畏之心，时时刻刻以身作则，在教书育人的道路上慎终如始、诚实守信、言行一致，努力塑造自己的良好人格，以自己的榜样和模范作用影响教育对象，让受教育者在实际言行中感受到马克思主义理论的真谛，真正发自内心地相信马克思主义。

教育和引导学生树立良好的道德，要坚持以德为先。思想政治工作者必须加强自身人格修养和品格修养。思想政治工作者不仅要坚持正确的价值观念，还要积极地践行承诺，这样他的教育和言行才会更有感染力和亲和力，才会让受教育者更加心悦诚服。思想政治工作者要讲真话，更要讲真理，要把自己倡导的道德标准与价值观念付诸实践，要敢向错误亮剑。

心底无私天地宽。思想政治工作者要遵守政治纪律和工作纪律，不能利用职务之便谋取个人利益，要做到一身正气、两袖清风。主动运用批评与自我批评的武器，以谦虚之心真诚接受基层群众的监督，做到自省、自律、自重、自警。

3　提高专业管理能力，做思政教育的"懂行人"

在高校，思想政治工作者既是党的理论传播者，又要成为经验丰富的管理者，因此要适应时代发展的需要，不断拓展自身知识的广度和深度，将自己的专业知识与现代化管理结合起来。在为教育对象做思想政治工作时，要灵活运用各种知识，成为学习型社会的实践者，成为思想教育的"懂行人"。

在高校，思想政治教育对象即大学生来自不同的专业，因此，只有掌握广泛的知识，才能把握受教育对象的思想实际，分析现实中存在的问题，进而找到解决问题的途径和方法，提高思想政治工作的效率。思想政治工作者必须自觉地学习有关学科的知识，努力做到既了解教育，又了解专业，这样才能够更有效地与教育对象进行思想交流，进而在对受教育者进行教育和批评时才能让人信服，才能增强教育的说服力和感染力。

思想政治工作者要掌握渊博的知识，运用更多的知识和更灵活的方法，使受教育者接受教育，同时要创造良好的学习氛围，把教育扩大到学生生活的各个领域，形成以知识为导向的氛围。科学技术是第一生产力，特别是进入新时代，科学技术在现代化建设中发挥着越来越突出的作用。知识常学常新，思想政治工作者要树立终身学习的意识，在工作中学、在实践中学。在工作和学习中，思想政治工作者要努力提高科学技术水平，不断探索运用新技术服务于教育工作的新途径、新方法。思想政治工作者要适应新形势的发展，不断谋求新变化，既要善于接受新事物，更要善于用好新事物。探索新形势下做好思想政治工作的规律，这也是强调政治干部要提高科学文化素质的重要性。

4 提升服务群众水平，做学生生活的"贴心人"

开展思想政治工作，要紧紧围绕学生的学习、工作、生活等各个方面，耐心倾听学生心声，真心真意服务学生、关心学生成长，积极维护学生权益，不断增强服务意识和服务成效，全身心投入工作，更好地凝聚人心，调动学生的学习热情和积极性，从而激发他们的创造力。

在思想政治教育过程中一定要坚持以人为本的原则，既要教育人，又要引领人；既要鼓舞人，又要鞭策人；既要尊重人，又要理解人；既要关心人，又要帮助人。高校思想政治教育是在大学生心灵里搞建设，有其自身特殊规律。要充分借鉴我党主流价值观教育思想，在融入、贯穿与结合上下功夫，在坚持不懈上下功夫，在细微处着眼、在细节上落实，久久为功。

高校思想政治工作者要勤于观察，善于从学生日常行为和活动中发现问题和解决问题。第一，坚持以学生为本，牢固树立一切为了学生的工作理念。在高校，思政政治工作的对象是学生，教育的目的就是服务学生、引导学生。第二，思想政治工作者不仅要善于发现问题，而且要善于解决问题。要紧紧抓住问题，追根溯源，不断提高分析与判断问题的能力，面对各种复杂的问题，要能够从表象看到问题的本质，不断地总结自己解决问题的经验，要善于从失败中吸取教训，并将这些经验教训作为今后工作的参考。第三，开动脑筋、勤于思考，善于筹划，在工作中不断提高管理水平。针对具体问题，思想政治工作者要善于在正确分析问题的基础上对问题进行科学分类，从而规划解决方案来处理不同的问题。第四，要善于结合自身工作实际，深入科学论证解决问题方案的可行性，能够充分分析具体问题，利用现有资源，创新工作方法。面对问题，要能够在理论的基础上充分发挥自己的主观创造力，把思想政治工作推向新的高度。

打铁必须自身硬，授人以渔的前提是教授者自己要有正确的捕鱼方法和技巧。作为高校思想政治工作者，如果对马克思主义理论还是一知半解，就绝不能讲解透彻；如果遇到难题就退缩、不能用正确的理论来解决，就绝不能言行合一。如果在工作中只希冀用新奇的方式博眼球、赢关注，那这种教育方式和手段也必然是花拳绣腿，达不到教书育人的目的。

进入新时代，网络的发展对现代人的思维和待人处事产生了深刻的影响。思想政治工作者要积极利用现代科学技术服务学生，用好新媒体信息传播工具，高举马克思主义旗帜。要发挥好新媒体的舆论导向功能，大力弘扬社会主义核心价值观，唱响主旋律，建设好、巩固好马克思主义舆论阵地。要做到能化春风为细雨，潜移默化，避免空洞说教，做到情感化、理性化，使学生乐于接受。要加强学生思想动态的收集、分析，把好学生思想脉搏，及时反馈学生诉求，帮助其解决实际问题。

参考文献

[1] 习近平.决胜全面建成小康社会 夺取新时代中国特色社会主义伟大胜利[M].北京:人民出版社,2017:10,70.

[2] 马克思,恩格斯.马克思恩格斯选集:第1卷[M].北京:人民出版社,2012:9.

[3] 杨伯峻.论语译著[M].北京:中华书局,1980:136,138.

文化自信视域下新时代高校文化育人方法研究

皮 玥 康雨晨

沈阳化工大学马克思主义学院

摘 要：大学生作为中国特色社会主义事业的未来建设者，必须坚定理想信念，时刻做好为中华民族伟大复兴贡献力量的准备。然而，大学生群体中普遍存在的现状却是受多元文化和复杂社会矛盾影响而缺少对民族文化的认同，缺失实现民族复兴理想的坚定信念。习近平总书记强调指出："我们要坚定中国特色社会主义道路自信、理论自信、制度自信，说到底是要坚定文化自信。"这就要求各大高校在开展文化育人工作的过程中，以多样化的方法路径发挥文化自信的涵育功能，引导当代大学生树立起正确的价值观念和理想信念，从而凝聚在爱国主义的旗帜下，同心合力，为民族复兴的伟大事业贡献力量。

关键词：文化自信；文化育人；理想信念；使命担当

引 言

习近平总书记曾强调指出："我们说要坚定中国特色社会主义道路自信、理论自信、制度自信，说到底是要坚定文化自信。"[1]339数千年文明孕育出的中华文化，它在历史的嬗变之中既坚守本根又不断与时俱进，涵育着中华儿女共同的情感和价值观念，支撑着我们民族跨过了数不尽的坎坷歧路和疾风骤雨，尤其是近代百年以来，中华文化在动荡的历史中上下求索、四方探寻，最终形成了社会主义先进文化这一中华民族全新的共同精神标识。之所以要坚定文化自信，正是因为历史遗留下的惨痛的实践经验告诉我们："一个抛弃了或者背叛了自己历史文化的民族，不仅不可能发展起来，而且很可能上演一幕幕历史悲剧。"[1]349各高校在这个新时代里承担着为国家培养输送综合性、素质性人才的艰巨任务，更应当以文化自信为立足，推进高校思想政治教育的深化发展。毕竟，对当代大学生而言，唯有对本民族文化生成强大的自信和认同，才能肩负起中华先进文化传承与传播者的角色使命，成长为"担当民族复兴重任的时代新人"。

1 文化自信的内涵

1.1 精深厚重的传统文化自信

中华传统文化当真是让作为后人的中华儿女倍感"做后人难"的一种文化，回首灿若朗星的五千年文化积淀，我们看到的有百家争鸣、哲思飞扬的春秋战国，有让人喟叹"诗词已被写尽了"的

基金项目：沈阳化工大学大学生思想政治教育研究会2020年度科研立项一般课题立项"后疫情时代大学生爱国主义教育协同育人路径分析"项目（Y202016）。

唐宋文明，有领先世界千年的圆周率，有劳动人民开创的世界里程最长、工程最大的京杭大运河，更有仁爱、民本、诚信、正义、和合等优秀的民族精神在五千年的历史变革中存续传承，其塑造出的中国人的精神思维结构和整体价值取向，至今仍指引着中华民族向着伟大复兴的方向昂首前行。党的十八大以来，以习近平同志为核心的党中央更是多次强调，中华优秀传统文化是"中华民族的基因"、"民族文化血脉"和"中华民族的精神命脉"。可见，传统文化自信是我们民族文化自信的基石，而对传统文化的深刻体悟和广泛认同，是我们坚定文化自信的关键。

1.2 振奋人心的革命文化自信

革命文化指的是中国共产党成立以来党领导中国人民经过长期革命斗争，在该过程中不断选择和重组，整合国内外优秀思想文化，以此为基础形成反对帝国主义、封建主义、官僚资本主义的民族的、人民的、科学的精神文化形态[2]。对每一个熟知革命历史的人来说，革命文化自信几乎都是一种理所当然的情感，中国的革命文化是充满了一个又一个奇迹的文化，从井冈山精神开始，共产党人在革命文化的指引下走过了筚路蓝缕、举步维艰的创业时代，走过了"大渡桥横铁索寒"的艰难长征道路，打赢了敌我武器装备悬殊的抗美援朝战争，走上了中国特色社会主义道路。时至今日，新型冠状病毒感染的有效控制再一次证明了革命文化的精神仍旧在不断凝聚升华，并为我们在新的历史条件下谋求发展与进步继续发挥着鲜明的指引作用。

1.3 逐步赶上的现代文化自信

文化自信绝不只包括对传统文化和革命文化的自信，还包括对现代文化的自信。长久以来，在认识文化自信的过程中，人们总是陷入将"文化自信"中的"文化"与传统文化直接等同的思维误区里，这实际上是近代以来巨大的历史割裂带给我们的一种固有思维。近代史的屈辱让我们意识到西方在现代文化上的优势与话语权，也让我们形成了根深蒂固的东方等于传统、西方等于现代的观念，由此我们发现近年来社会上出现了越来越多的国学班，出现了私塾模式的复燃。诚然，在近代史中，我们在现代化建设的进程中更多地扮演着"追赶者"的角色，但是如今我国早已经成为世界第二大经济体，是讨论世界格局时不可避开的"大国"，我们承前启后、继往开来的现代文化早已在世界进步发展的大潮中迎头赶上，足够支撑起一份满怀希望与理想的文化自信。

2 当代大学生精神文化现状

2.1 多元文化冲击造成的民族文化认同感缺失

在经济全球化的视野之下，文化多元化和多样化的趋势越发明显，纷繁复杂的多元文化浪潮正对中华民族的传统文化进行着不可避免的冲击，并影响着世界观、人生观、价值观尚未完全成形的当代中国青年。对广大的高校学子来说，他们身处高校这一知识与思想的前沿阵地上，是多元文化浪潮冲击的主要对象：名目繁多的外来节日、霸占市场的影视作品等早已融入当代大学生的日常生活之中，与此同时，从大学生群体中流传甚广的"学习无用论"中、从掉落"校园贷"陷阱的长长的名单内、从新闻报道中频发的高校学生干部"要官威、摆架子"的新闻里，可以清晰地看到享乐主义、消费主义、功利主义的思想无孔不入地渗透酿成的恶果。当大学生们开始逐渐迷失在个人与集体的取舍、惘然于功利与欲望的追逐中时，多元文化已然在不觉间占领了民族文化的战略高地，大学生们的民族文化认同感也由此开始缺失，他们开始迷恋并推崇西式的生活方式，以中华传统文化中糟粕的一面来否定中华传统文化中具有先进性的优秀一面，开始盲目追随注重西方节日背景下的形式主义内容，而对寄寓着深厚民族文化情感的传统节日感到厌弃。《中国新闻周刊》曾以大学生为调查对象做了一次关于"传统文化与当代青年"的调查，报告结果显示：20%的调查对象认为传统文化的势力仍然很强大，40%的调查对象认为传统文化还有影响，24%的调查对象认为传统文化正在消逝，16%的调查对象认为传统文化的影响很难判断；其中25%的调查对象对传统文化的未来发展表示乐观和比较乐观[3]。这一报告充分显示出了当代青年大学生对于传统文化认识上的缺失和传承上的淡漠，民族文化认同自然也就无从在大学生群体中谈起。

2.2 多样社会矛盾引发的精神追求信念感缺位

当代大学生在精神追求上的信念感缺位，已经是大学生群体中广泛存在的一个问题。以当代大学生群体中，或者可以更宽泛地说，当代青年群体中流行的一种名为"鬼畜"的文化现象为例，普遍研究认为，鬼畜实际上是一种对严肃正经话题进行解剖后通过重复、再创作等形式用以达到颠覆经典、解构传统、张扬个性、强化焦点、讽刺社会的艺术形式，鬼畜文化也由此长期以来一直被划分到青年亚文化的内容中被广大学者研究着。窥一斑而知全貌，在对"被鬼畜者"的审视中，我们不难发现他们中的绝大部分，无论是网红、明星、企业家还是影视角色，其本质都是发声者，可以说，鬼畜文化的广大青年学生拥趸们之所以热衷于在鬼畜文化中对这些人的形象进行解构，实质上是将自身放在了失语的阶层位置上。

当代大学生阶层当然不是失语的阶层，但他们中的绝大多数在面对多样的社会矛盾时，却由于同理意识而不自觉地将自身摆放到了矛盾冲突的焦点位置进行审视，并发觉自身在多元化的利益冲突与社会矛盾中，尤其是在脱离校园后，似乎并不能寻求到有效的解决路径，由此转向具备高度便捷性和隐匿性的网络阵地，以弹幕狂欢和鬼畜嘲讽的方式，来向符号化的社会不公与矛盾冲突和现实中所遭受的伤害相互重叠进行情绪的释放和自我表达。

同样，此前在网站发布的本意是鼓励新时代青年积极向上、开阔视野的演讲视频《后浪》，之所以遭到包括诸多当代大学生在内的网友的抨击，许多学生认为逐渐固化的阶层壁垒绝非他们的个人努力所能打破，在情绪上便外化为失落与愤怒，行为上便表现为对该视频的批评与反对，而在思想上，他们不再热衷于寻求现实矛盾的解决方法，忽视了个人所承担的社会模式转型和建设小康社会的历史使命，转而向网络阵地消极地逃避，这反映出的正是当代大学生在精神追求上的信念感缺失。

3 文化自信的现实涵育功能

面对形势严峻的当代大学生民族文化认同感缺失和信念感缺位的问题，高校必须依托文化自信的强大涵育功能，重新帮助广大青年学子树立起文化自信，矫正当前广泛流传于大学生群体中的历史虚无主义和个人主义思想，将当代大学生重新引导回以爱国主义为核心的民族精神正轨中。

3.1 对价值观念的塑造

进入中国特色社会主义新时代后，肩负中华民族伟大复兴重责大任的大学生只有坚定不移地践行并弘扬社会主义核心价值观，才能培养出高尚的情怀和真切的爱国主义情怀，而文化自信正是大学生全面践行社会主义核心价值观的内在要求。无论是传统文化中儒家的"仁爱"思想、"上善若水，水善利万物而不争"的奉献精神、"苟利国家生死以，岂因祸福避趋之"的爱国情怀，还是革命文化内含的"为有牺牲多壮志"的抗争精神、浸满了"为人民服务"信念的雷锋精神，抑或是中国特色社会主义现代化的文化内容，无不与社会主义核心价值观有着根源上的密切联系。大学生树立坚定的文化自信，就是完成对这些优秀文化与精神的自我观照与发扬传承的过程，在多元文化冲击下被扭曲的价值观念也将在这一进程中涅槃重塑，最终实现大学生将社会主义核心价值观外化于行、内化于心的教育目标。

3.2　对道德品质的涵养

正如季羡林先生在《季羡林谈国学》中所秉持的"在中国传统文化的宝库中，中国传统道德是最重要的一部分内容"的观点，中国传统文化的发展始终是紧密围绕着道德品质的。自古以来，无论是民间流传的话本戏剧，还是庙堂上衮衮诸公"修齐治平"的为官理想，无不内含维系着中华民族强大向心力的道德观念，正因如此，它对个人道德品质的涵养功能是其他任何文化所不具备的。当代大学生群体以"00后"为主，生长在改革开放带来的经济迅速繁荣的年代的他们，固然相比上一辈人思维更为活跃、更富于创造性，但相对的，一方面受计划生育政策影响，他们多为备受宠溺的独生子女，缺少艰苦条件的锤炼，另一方面，多元文化冲击让他们缺少对本民族传统文化的基本认知，目光更多被新奇的外来文化所吸引。因而他们普遍展现出自我意识过于强烈、集体观念和社会公德意识相对淡薄的特点。中华民族伟大复兴只有在全体中华儿女自强不息、凝心聚力的条件下才能得到实现，因此，加深大学生对传统文化的深度认知，树立文化自信，对于唤醒当代大学生的道德意识，涵养谦逊礼让、自强自立、吃苦耐劳等道德品质有着巨大的助益。

3.3　对担当精神的弘扬

在电影《百团大战》中，演员邓超所扮演的著名抗日将领张自忠，在生死存亡的危急关头，有这样一段台词："天津没守住我走了，北平没守住我走了，华北没守住我还是走了，今天我张自忠，不走了。"这段表演确实让很多观影的青年大学生泪洒衣襟，但他们中的很多人实质上并未意识到，张自忠将军甘于以身殉国，所展现出的正是中华儿女保家卫国的担当精神，而这份担当精神其实早在义务教育阶段就已是他们所学习过的：文天祥"人生自古谁无死，留取丹心照汗青"的千古名句、岳飞"待从头，收拾旧山河"的壮怀激烈，社会主义建设时期的王进喜的铁人表现、焦裕禄"死也要看着你们把沙丘治好"的遗愿，无不是为了实现国家民族的利益而自觉承担起更多责任，直面坎坷困顿的担当精神的体现。这份担当精神在血与火的一次次考验中彻底熔铸在中华儿女的血脉里，一如鲁迅先生笔下"就令萤火一般，也可以在黑暗里发一点光，不必等候炬火。此后如竟没有炬火，我便是唯一的光"[4]一句，它便是指引我们的国家、民族坚强地迈过一次次危机的光。大学生作为建设中国特色社会主义的中坚力量，这份担当精神将成为鼓舞他们披荆斩棘、昂扬奋进的不竭的力量源泉。

4　以文化自信实现文化育人的方法路径

4.1　以新媒体阵地弘扬历史文化

一直以来，我们都将校园媒体视为高校进行思想文化宣传工作的主要阵地，通过对校报校刊、校园广播电视台等传统媒体的创设来推进高校德教工作，但却忽略了时代发展变化中，纸质媒介与广播早已在校园文化中显现出难以挽回的颓势，而"新媒体"这一在学生群体中应用更为广泛、停驻时间更长、传播效率更广的媒介渠道所具备的视听生动形象、交互性强的特点，显然更适合成为开展德教工作的新阵地[5]。抖音等新媒体平台在大学生群体中的流行程度在今时今日已远非传统媒介所能比拟，各大高校更应当立时投入新媒体宣传阵地的建设，以价值引领为导向将立时文化内容输送至大学生视野之内，引导学生树立起文化自信，加深爱国主义情怀。其实，这一领域的创设已有了诸多可供借鉴的成功范例，例如我国外交部 2019 年 7 月入驻抖音，首日便获得 200 万粉丝，到 2020 年 10 月，抖音账号粉丝突破千万，外交部发言人赵立坚还就此事在抖音平台上发布了一则短视频进行回应，称："感谢各位抖友和发小的厚爱。"所谓发小，就是发言人办公室小伙伴的爱称。这千万名抖音用户中，其中有着大量的大学生群体，这种新颖的形式大大增加了当代大学生对我国外交部相关新闻的关注度，让更多大学生及时了解我国的外交动态、形势政策，同时，外交部的犀利发言不仅吸引大学生的目光，更是帮助大学生培育爱国自信、民族自信，形成爱国主义情怀的绝佳办法。

4.2 以社团类活动推进实践感悟

无论是明代思想家王守仁对"知行合一"理论的阐述，还是马克思主义"理论与实践相统一"的基本原则，都为我们指明了让大学生树立起文化自信的最佳方式——实践。对高校校园来说，开展此类实践的最好方式莫过于以兼具知识性、趣味性的社团类活动作为载体，引导学生自主展开对中华优秀传统文化丰富内涵的积极探寻以及对外来文化的细致辨别。在这一过程中，高校可以充分利用学生的自主意识，在确保方向正确的前提下，不必多加硬性的干预指引，以防引发学生的抗拒心理，使原本能激发学生主观能动性的活动转变为形式主义的活动。只需要为学生搭建起社团实践的平台，充分配合调动校园内部的历史文化资源，充分发挥德育课堂的教育功用，中华优秀传统文化自可发挥其魅力，让学生在活动实践中体味到传统文化之美，潜移默化地引导学生的价值观念，从而让学生能够以更加审慎的眼光和辩证的思维去应对渐呈包围之势的外来文化，增强文化自信。

4.3 以"以参观走访"体味红色情怀

中国人民在共产党的领导下艰苦奋斗、顽强拼搏，留下了数不清的革命文化的见证，这些都是革命文化与精神的不朽丰碑，是《新时代爱国主义教育实施纲要》指出的"激发爱国热情、凝聚人民力量、培育民族精神的重要场所"，更是学生通过"参观、走访、体味"三位一体的学习模式来学习革命文化的主要对象。在参观走访的过程中，广大青年学生能够真正缩短与革命历史间的距离，切实感悟英烈先辈的光辉伟岸，体味革命道路的坎坷艰难。各大高校应当把握机会，积极开展参观走访活动，让广大青年学子坚定理想信念，接受深刻的党性熏陶。不过，值得注意的是，开展红色文化与革命情怀的学习固然是弘扬革命精神的重要要求，但是各高校在施行过程却要注意避免类似"参观教育基地才能评优评奖""每个学院必须完成多少个走访任务"等教育功利化的现象发生，这类现象不仅严重违背了接受教育和形成思想品德的规律，更会打消学生的学习积极性，甚至会在某种程度上助长校园内功利主义的气焰。

5 结 语

党的十九大报告指出：文化是一个国家、一个民族的灵魂。同时，文化自信关系到民族、国家和政党的生死存亡。文化自信赋予了高校文化育人丰富的时代价值，因此，高校更应发挥培养大学生文化自信加强意识形态建设主战场的作用。新时代的中国正处于世界百年未有之大变局，面对纷繁复杂的国际局势，面对国内高质量发展的艰巨任务，我们更需要充分分析当代大学生精神文化现状，充分发挥文化自信的现实涵育功能，立足中国国情，立足当代大学生的特点，以新媒体阵地弘扬历史文化、以社团类活动推进实践感悟和以"参走体"体味红色情怀等更多创新方式，润物细无声地做好思想教育工作，使文化自信内化于学生的思想中进而转变为他们自觉的行动。

参考文献

[1] 习近平.习近平谈治国理政:第2卷[M].北京:外文出版社,2017.

[2] 刘炫梓.弘扬革命文化 提升文化自信[J].祖国,2019(5):76-77.

[3] 丰鸿平,杜斐然.传统文化与当代青年问卷调查结果[EB/OL].[2006-06-09].http://www.chinanewsweek.com.cn.

[4] 鲁迅.鲁迅自编文集:热风[M].南昌:江西教育出版社,2019:31.

[5] 徐炜炜.大学生抖音使用状况的调研报告[J].思想理论教育,2019(7):83-87.

故事融入高校德育教育的必要与可能

李延芳

沈阳化工大学

摘　要：高校是我国人才培养的主阵地，高校德育教育是人才培养的关键。高校德育教育需在方式方法上进行创新，以提高高校德育教育的实效。在新的历史时期，挖掘故事要素、将故事融入高校德育教育是一种行之有效的方法。从思政课教学、校园文化建设、课程思政等方面探索故事融入高校德育教育的必要与可能，为以后故事融入高校德育教育实践路径提供理论支持。

关键词：高校德育教育；故事；必要性；可行性

引　言

习近平总书记在2016年全国高校思想政治工作会议上强调："高校思想政治工作关系高校培养什么样的人、如何培养人以及为谁培养人这个根本问题。"进入新时代，如何提高高校德育教育成效，探索科学的德育教育路径，是德育教育的关键，也是新时期培养社会主义优秀人才的关键。在多年的实践工作经验中，将故事要素融入高校德育教育实践，深受大学生欢迎，接受程度高，有着明显的教育效果。本文进一步探索故事融入高校德育教育的必要与可能，为最终探索故事融入高校德育教育的实践路径打下理论基础。

1　概念的界定

本文中所说的故事，有两重含义：一是指已经发生过的真实的事情，即旧事；二是指一种文学体裁，或者说是一种叙事方式。人类的生活处处皆故事，故事就是对历史的重现和对现实社会生活、人生图景的描绘。我们借由故事，将历史代代相传，将价值和精神不断延续。而故事本身在叙述语言和叙述风格上较之其他叙事方式也颇有讲究之处。故事能做到在引人入胜的同时，给人以触动甚至是震撼，在不经意间阐发道理、渗透价值。高校德育教育中的故事，应该是这种集故事事实与故事叙事方式于一体的好故事，即历史事实故事化、教育语言故事化。无论是思政课教学，还是校园文化建设、课程思政的实施，故事要素都有其融入的必要与可能。

需要特别强调的是，由于思政课引导价值的属性，思政课教学中的故事，根据叙事学理论，多为说服性叙事，即通过故事的呈现，达到说服学生、认同价值并带走价值的最终目的。说服性叙事有其内在特点，根据胡百精教授的观点，思政课教学中的这种故事，应该包括语境、角色、行为、

基金项目：1.2020年辽宁省教育厅科学研究项目"高校德育教育中'故事'要素运用的理论与实践机制研究"（项目编号：WJ2020017）。2.辽宁省社会科学规划基金教育学课题（编号：JG20DB369）。3.沈阳化工大学思想政治教育研究会2020年科研立项项目（编号：Y202018）。

方法和目的这五个方面的要素，而且每个方面的要素都有相应的说服性特点[1]。

2　故事融入思政课教学的必要与可能

2.1　故事融入思政课教学的必要性分析

2.1.1　思政课的性质、任务

中国共产党有着思想政治教育的优良传统，新中国成立后高校中开设的思政课，集中体现了我国高校的社会主义性质和方向，是对大学生进行思想政治教育和党性教育的主渠道和主阵地。思政课承担着对大学生进行系统的马克思主义理论教育的任务，是巩固马克思主义在高校意识形态领域指导地位、坚持社会主义办学方向的重要阵地，是全面贯彻党的教育方针、落实立德树人根本任务的主干渠道和核心课程，是加强和改进高校思想政治工作、实现高等教育内涵式发展的灵魂课程[2]。

可见，要将青年大学生培养成社会主义优秀人才，使我们的大学生成长为"四为服务"的社会主义事业接班人和建设者，需要让他们了解国史、党史，并在此基础上产生对国家、民族的热爱，以及对中国共产党的正确认识和真心拥护。而国史、党史就是一个个鲜活的故事。所以思政课教学中研究"故事"融入的理论和实践，以增强教学实效性，成为课程之必要。

2.1.2　思政课教材的特点

思政课教材是马克思主义及其中国化理论成果的重要载体，也是国家主流意识形态的集中反映。思政课教材由中央统一编订，在全国各普通高校统一使用，是思政课教学的指导与遵循。作为全国普遍使用的教材，它具有如下特点：一是教材内容与时政结合紧密，多为最新的理论成果，比如领导讲话原文进教材。内容上存在偏重国家、社会视角的宏大叙事，缺乏对大学生个体及其现实生活问题的关注，难以激发大学生的学习兴趣。二是教材里的语言多为理论表述，文风呈现出凝练、严谨、规范的书面表达特点，所以教材略显单调枯燥、缺乏生动性和鲜活性，学生接受度较差。

面对以上困境，有效的解决方法，一是做好思政课从教材体系向教学体系的转化。转化过程中，将历史事实故事化、教学语言故事化，这些故事要素的融入，会增加教学语言的生动性、增强思政课程的吸引力，同时拉近与学生的距离，产生情景再现甚至是感同身受、情感升华的效果，达到价值引领的目的。二是拓展教材资源，教师要开发和利用辅助教学资料，这其中，"故事"资源是不可或缺的优质的教学辅助材料。总之，"故事"要素融入思政课教学，可以大大弥补目前思政课教材不足的缺憾。

2.1.3　00后大学生的特点

00后大学生是新世纪出生的一代。他们的出生，正值我们国家经历改革开放、发展日新月异、人民生活水平日渐富裕。可以说00后是在不同于以往的环境下出生和成长起来的，因此他们的身上有着明显的特点：第一，多为富裕环境中生活成长的独生子女，从小没有吃过什么苦，所以吃苦耐劳、坚忍不拔精神多有缺失，自身抗挫能力也较差。第二，改革开放大门不断打开，国际视野不断拓宽。00后对海外文化接触较多，态度较宽容，自费游学、公派交换生以及国际学术交流中，他们感受多元文化的交流碰撞，在一定程度上冲击了学生对自己民族文化的自信心。第三，受网络购物

及网络新兴支付方式与借贷方式的影响，00后对物质的需求增强；消费观多元，追求个性与潮流，被符码价值所蛊惑；盲目消费攀比，被异化消费所洗脑；沉浸在消费狂欢中，被超前消费所绑架[3]。第四，伴随着互联网的兴起与智能手机的快速普及，00后成为互联网原住民一代。对网络游戏的热衷，对网络聊天通信软件的依赖，使得他们机不离手，上课也经常偷偷沉浸在其中，成为人在课堂、心在手机的"隐性逃课"者。第五，伴随漫画文学和动漫影视的兴起，00后更喜欢轻松活泼的表达方式，也更接受具象有趣的教学方式。

00后大学生身上的这些特点，对思政课教学势必造成挑战和冲击。他们往往表现出对学习思政课兴趣不高，思想抵触，无法认同价值，学习中存在应付了事的情况，隐性逃课现象也大有存在，课堂上的抬头率仍有提升空间。这些问题都倒逼思政课教师研究针对学生特点的教学方式方法。而实践中"故事"在思政课教学中的运用已成为解决这一困境的一种创新方式。

2.2　故事融入思政理论课教学的可行性分析

2.2.1　思政课教学内容中蕴含大量故事

思政课主要包括四门课程，教学内容涉及中国近现代发展历史，特别是中国共产党领导中国革命的历史、新中国成立与社会主义建设的历史、改革开放发展社会主义市场经济的历史以及探索建设中国特色社会主义的历史等，而这些内容恰恰是由一个个鲜活的故事组成，这些历史本身就是故事。从这些故事中，我们可以引领学生看到中华民族在近代以来经历了什么，共产党是怎样带领中国人民走出黑暗的旧社会，又是怎样建立起人民当家做主的新社会。我们通过这些故事，还可以引领学生看到今天富强的新中国是如何发展起来的。思想道德与法治这门课程则略有不同，主要是对大学生进行人生观、价值观、道德观、法治观以及理想信念、中国精神和社会主义核心价值观的教育，价值引领特点突出，而这些内容本身在现实生活中都有大量对应的事例与故事。历史的故事有些久远，但经典永流传；思想道德与法治课中的故事更多地存在于我们现今的社会生活中，存在于大学生身边，更易于我们挖掘与整理。

2.2.2　故事的特点符合学生的认知与接受规律

可以说从一两岁的孩子到百岁老人，无一例外，都十分爱听故事，那是因为故事具有语言表达方式活泼、吸引力强、引人入胜的娱乐功能和动之以情、晓之以理的教化功能，便于人类情感、思想和价值的传递，同时通俗易懂易分享。故事往往侧重于事情过程的描述，人物心理的刻画，强调情节跌宕起伏，从而可以很好地阐发道理或者价值观。此外，大学生群体尚属年轻，抽象思维能力尚显薄弱，人生经验积累不多，思辨能力不是很强。这种情况下，他们对事物的认知，更适合从感性到理性、从具体到抽象。"道理不如故事"，可以说教材的理论论述再严谨、再高明，我们的学生最终还是被一个个好故事所说服。

所以，在思政课这个讲道理的课程教学中，运用精心加工过的故事，能在很短的时间内与学生达成情感沟通，使学生完成从认知到共情再到内化的飞跃。从具体鲜活的故事入手，再到抽象的理论、价值，这是故事在思政课教学中绽放的独特魅力。学生能够在知晓知识、理论的基础上，对知识、理论产生感情，做到入心入脑、进行内化，最后达到接受价值引领的目的。

2.2.3　契合习近平总书记关于"讲好中国故事"的要求

中国发展起来了，中国走的是和平崛起之路。习近平总书记一直强调，要"讲好中国故事，传播好中国声音"。"讲好中国故事"不仅是习近平总书记对宣传工作提出的要求，也是新时代思政课改革创新、提升"思想性、理论性和亲和力、针对性"的内在要求。习近平总书记也给我们做出了榜样，他本人就是讲故事的大家，他在讲话、文章中经常用讲故事的方式解惑释疑、凝聚共识。通过他的故事讲述，深刻的思想、抽象的理论也变得生动、鲜活起来。习近平总书记曾在党的新闻舆论工作座谈会上指出："讲故事就是讲事实、讲形象、讲情感、讲道理。讲事实才能说服人，讲形象才能打动人，讲情感才能感染人，讲道理才能影响人。"[4]可谓一语中的，道出了讲故事的优越性。习近平总书记在全国高校思想政治工作会议上的讲话中说："学生反映最普遍的问题是'理论与现实脱节'""天边不如身边，道理不如故事。"可谓一针见血，指出了讲好故事对提升思政课教学效果、改善思政课教学的重要意义。所以，新时代思政课改革创新高度重视"故事"在思政课教学中的运用，正契合了习近平总书记对"讲好中国故事"的要求。思政课教师要自觉自信地"讲好中国故事"，更好地引导当代大学生坚定"四个自信"。

3　故事融入校园文化建设的必要与可能

高校校园文化具有强大的育人功能，它像一个巨大的容器，使置身其中的人无时无刻不受它的影响与熏染。所以，各高校都非常重视自己的校园文化建设，努力营造高质量的大学文化环境，从而更好地育人。这其中包括物质环境，也包括大学精神、学风理念、校规制度等精神环境。同时，伴随自媒体时代的来临，大学文化环境还包括非常重要的网络校园环境。物质环境是高校师生接触最多也最易触发感受的校园环境。校园环境要优美，充满人文气息，这样可以让置身其中的学生于无形之中受到思想上的洗礼与教育。在网络与人们息息相关不可分割的今日，网络校园环境与学生接触与日俱增，对学生的影响不可小视。在这些校园文化建设中，故事的融入是一个不可或缺的要素。高校的大学精神、学风理念及高校在建立与发展过程中的重要人物和重要时刻、高校培养出来的优秀校友、高校的学科特色以及与其紧密相关的人物等等，其本身就是一个个精彩无比的故事，需要高校以优美典雅又形象便捷的形式呈现在学生面前。这种呈现既要有物质的校园环境的呈现，也要有线上网络的呈现，它们会以潜移默化的方式影响接触到的人，于无声之中达到育人的目的。

高校校园文化建设在物质环境方面，本现在高校的特色建筑、人文景观、校史馆、档案馆、图书馆、学科专属楼的装饰以及校园宣传栏等物质环境的建设上。而这些方面有很大空间可以融入故事要素，比如高校历史上的著名校长、校友，或为学校做出重要贡献的人物，可以给他们立塑像、写铭文；图书馆和学科专属楼的装饰，可以放历史人物或学科人物的雕塑或画像以及他们故事的介绍。在新生刚刚来到校园时，学院组织他们参观校园、参观校史馆等，可以以讲故事的方式对新生讲述学校的历史，让他们在故事具有吸引力的语言氛围中感受学校的历史及大学精神、理念和校训。在平时，学校还可以通过校园宣传栏或学校公众号，对远在天边和近在眼前的优秀人物的故事加以报道，比如时代楷模、劳动模范、感动中国人物或是校内优秀学生。学生通过他们的故事，可以受到润物无声的隐性教育。抑或是通过团委、学生会、社团等组织的故事演讲大赛、故事微剧创造评比等活动，让学生感受到故事带给他们的教育。

4 故事融入课程思政的必要与可能

课程思政是把立德树人作为教育的根本任务，以构建全员、全程、全方位的"三全育人"格局的形式将各类课程与思想政治理论课同向同行，形成协同效应的一种综合教育理念。课程思政提出的目的，就是实现各类课程与思想政治理论课同向同行，实现协同育人。课程思政是高校育人不可或缺的重要环节。课程思政的教育方法是显性与隐性教育相结合，主要形式是将思想政治教育元素，包括思想政治教育的理论知识、价值理念以及精神追求等融入各门课程中，潜移默化地对学生的思想意识、行为举止产生影响[5]。实践中，课程思政不能搞成思政课程，如果大量地灌输思政教育内容，势必会造成学生的逆反心理，不能取得育人的效果。所以在形式上，课程思政更多的时候有必要借助故事这种形式展开，如前所述，"故事"这种形式学生们喜闻乐见、乐于接受，并且会使他们在不经意之间触动感情、知晓道理。

其实，无论哪个学科，内容上，都蕴含可以进行德育教育的故事要素。在具体教学中，教师可以挖掘这些课程思政的元素，研究与教学的结合点，教师要注重课程思政的自然而然、水到渠成效果。比如，课程中的一些名人故事、学科领域的发展故事以及一些可以上升为哲学理论的学科现象，每一种都可以通过精彩的故事给学生们展示出来。另外，课程教师的个人成长及求学经历、人生际遇等，也都是非常好的课程思政元素，教师都可以以讲故事的方式，恰到好处地与学生的实际情况相结合，为他们答疑解惑、指点迷津，这其实就是给他们生动又深刻的德育教育。

5 结 论

通过以上的分析，可以看到，故事要素融入高校德育教育，以提高育人效果，无论是在思政课教学中，还是在校园文化建设以及课程思政中，都是必要的，更是可行的。今后将在此基础上，进一步研究故事融入高校德育教育的具体路径与实践机制，使故事在提高高校德育教育效果中的重要作用得以充分发挥。

参考文献

［1］ 胡百精.故事的要素、结构与讲故事的策略模式［J］.对外传播,2017(1):38-41.

［2］ 中华人民共和国教育部.教育部关于印发《新时代高校思想政治理论课教学工作基本要求》的通知［EB/OL］.［2018-04-26］.http://www.moe.gov.cn/srcsite/A13/moe_772/201804/t20180424_334099.html.

［3］ 范宇欣.中国新生代特点研究综述:基于知网的文献分析［J］.新生代,2020(5):53-58.

［4］ 刘亚琼.习近平关于"讲好中国故事"的五个论断［J］.党的文献,2019(2):17-23.

［5］ 王学俭,石岩.新时代课程思政的内涵、特点、难点及应对策略［J］.新疆师范大学学报(哲学社会科学版),2020,41(2):50-58.

"三全育人"理念下大学生
思想政治教育模式探析
——以沈阳化工大学为例

杨海霞

沈阳化工大学

摘　要：立德树人是当前高校教育的根本任务，高校应该把思想政治工作贯穿教育教学全过程，实现全员育人、全程育人、全方位育人。本文结合"三全育人"机制内涵，通过对多所高校的调研，从完善"六位一体"全员育人、"三条主线"全程育人、"三个平台"全方位育人等方面深入阐述了高校在"三全育人"理念下进行大学生思想政治教育的模式。

关键词：三全育人；大学生；思想政治教育

教育强则国家强，教育兴则民族兴。人才的培养是一个全员、全过程、全方位的过程。全员育人是指育人的全员性，即要实现实施教育主体的最大化。习近平总书记多次强调要坚持把立德树人作为教育的中心环节，而"三全育人"是当前高校实现立德树人的重要环节和必要方式[1]。现阶段的全员一般是指由学校、家庭、社会、学生组成的育人机制，学校成员包括教师、管理人员、服务人员等校内工作人员，家庭主要指父母，社会主要指校内外知名人士、优秀校友、实践基地、专业相关企业等，学生指学生本人以及优秀学生积极分子，例如学生班主任、党员学生等。全过程育人要求学校将思想政治教育时时刻刻贯穿于学生成长的每一个时间段或时间点，贯穿于大学生学习生活的始终，一刻也不能松懈，这是从时间的维度对高校的育人工作提出的明确要求。全方位育人是从空间维度对育人工作提出了要求，要求把思想政治教育渗透到学生学习、生活、科研、实践等各个领域[2]。众所周知，高等教育早已从精英化转变为大众化教育，立德树人曾经是高等教育的根本，如今，更是新时代高等教育的根本，是重中之重，是迫切要求。而"六位一体"全员、"三条主线"全程化、"三个平台"全方位育人的方式正是有效实现立德树人的思想政治教育模式。

1 "六位一体"全员育人，形成大学生思想政治教育的教育合力

大学生思想政治教育不仅仅依靠学校辅导员老师、学生工作队伍和思想政治理论课教师，而是要发挥所有教职员工的积极性，以及动员社会力量，进行全员的育人，这样，才能取得更好的立德树人的育人效果[3]，"六位一体"全员育人的模式更好地体现了育人的全员化，"六位一体"全员育人指的是学校辅导员老师和思想政治理论课教师、班主任老师和家庭化导师、专业课教师、学生班主任、中层干部和学校管理服务人员、校友和家长这六类人群共同努力，形成思想政治教育的合力，来达到大学生育人的目的。

（1）学校辅导员老师和思想政治理论课教师通过多种方式对大学生进行思想政治方面的实践教

育和理论学习教育。辅导员老师通过党课、团课、学雷锋等志愿服务活动、社会实践等方式加强思想政治教育，同时，将教育和关爱融化在日常琐碎的每件小事中，将教育和关爱融化在日常事务性的管理工作中。思想政治理论课是大学生的必修课，思想政治理论课可以通过形势与政策、近代史、思想品德修养等课程的讲解对学生进行思想政治教育，同时创新课堂，使大学生更容易接受和理解，不断加强思想政治教育。

（2）学校鼓励专业课教师或管理服务老师兼职担任学生班主任或家庭化导师，班主任老师和家庭化导师利用工作之余对学生进行学习上、思想上、心理上的引导和教育，在生活上给予关心和帮助。

（3）专业课教师通过思政课程，起到大学生思想政治教育的作用。专业课教师不仅在课堂上讲授专业文化知识，也通过课堂向学生传播正能量，引导学生学好专业知识，增强自身本领，为中华民族伟大复兴贡献力量。另外，专业课教师通过自身教学和学术能力的提升给学生树立榜样，德高为师，道高为范，教师通过自身的努力起到模范作用，这也是思想政治教育的一部分。

（4）学生班主任是由高年级的党员学生或学生干部来担任低年级学生班主任。他们从新生入学时就开始起到思想教育引领的作用，从入学时的生活适应到专业知识的学习，以及如何更好地做学生工作等，他们用自己大学生活的优秀经历为低年级学生做出了很好的榜样模范作用。

（5）中层干部和学校各个部门的管理服务人员也都对学生起到思想政治教育的作用。比如后勤的管理服务人员，他们通过在宿舍、教学楼对学生的服务体现了对学生的教育，教务处的管理服务人员，他们通过对学生的教学管理服务体现了对学生的教育；而中层干部在工作中的管理或制定工作方案措施等都体现了对学生的教育和关爱，沈阳化工大学还推出了中层干部一人对接一个楼的师生结对子活动，中层干部通过对接活动，关心与关注学生的学习生活，更好地了解基层学生的所思所想，能做到想学生所想、急学生所急，从而起到更好的育人作用。

（6）校友和家长是来自社会的力量，大学生走向社会，来自校友和家长对学生的教育作用不可小觑。校友的就业和创业的经历、对大学生涯的感悟等因为出自同一所院校，因而对大学生的影响更有益。很多高校非常重视校友工作，很重要的一点也是出于优秀校友对在校生的有意义的影响。沈阳化工大学的做法很有借鉴意义，学校开设小学期，特地邀请校友回来为在校生做报告分享成功经历和经验，分享如何从校园人转变为企业人，分享就业或创业的社会经验，受得到了在校生的普遍好评。家庭教育、学校教育、社会教育对一个学生的成长至关重要，所以，高校重视家庭教育，与学生家长紧密联系沟通，更好地为学生服务，为学生的成才成长服务。沈阳化工大学重视家校联系，不仅在新生开学报到时开展家长会活动，还会利用寒暑假开展家访活动和地区家长会活动，促进家长与学校的联系，及时把学生在学校的情况反馈给家长。同时，更多地了解学生的成长环境和历程，通过家长和学校的共同努力帮助学生全面发展和成才。

2 "三条主线"促进全过程育人，在时间上保证了大学生思想政治教育的充分性

以"就业全过程""学风建设全过程""校园文化建设全过程"这三条主线促进全程化育人，在时间上保证了大学生思想政治教育的充分性。新生入学时，通过新生入学教育一系列活动加强大学生思想政治教育，例如参观校史馆、校长第一课、党委书记上团课、开学典礼上教师代表和学生代表的讲话、学院辅导员和班主任还有学生班主任等的关心关爱等都是大学生思想政治教育的重要方

式，起到了很好的作用。大二时引导团员青年开展社会实践活动和志愿服务活动[3]，大三时开展考研和就业的抉择、理想和职业规划的融合主题班会，大四时宣传西部志愿服务计划、参军入伍、如何由学生到职业人的转换等，都是进行大学生思想政治教育的有效方式。

"就业全过程"也在整个大学期间体现了思想政治教育。职业生涯规划课程贯穿大学整个期间，大一时的职业规划启蒙和理想的树立是紧密结合的，大二时的了解自我涉及个人价值观的挖掘，大三时开展考研和就业的抉择、理想和职业规划的有机融合主题班会，大四时可以引导学生去祖国最需要的地方去，这些都是大学生思想政治教育的有效方式。同时，参军入伍的政策宣传和引导也贯穿整个大学期间。

"学风建设全过程"指的是整个大学期间重视学风建设，通过学习经验交流会、综合奖学金评比、全国大学生英语四级通过率评比、数学建模大赛、大学生创新创业大赛等活动来激发大学生学习科技文化知识的积极性，出发点是为了增强本领，做社会主义现代化建设的接班人。从这个角度体现了"为谁培养人才"的重要性，这也是思想政治教育的体现。

"校园文化建设"全程育人是非常重要的立德树人的育人方式，以重要节假日为契机开展有意义的活动，比如学雷锋活动、五四青年节宣誓活动、七一党的生日献礼活动等有效地引导团员青年争做好青年，树立为中华民族的伟大复兴而奋斗的理想。通过带领团员青年上好团课、学习团的知识、了解党的历史和知识，鼓励团员青年一心一意跟党走，争做新时代好青年。通过毕业季鲜花献师恩活动、毕业饺子（骄子）宴等引导毕业生拥有一颗感恩的心，走向社会，奉献社会，回馈社会。

3 "三个平台"构建全方位育人，在空间上实现了大学生思想政治教育的全面性

高校通过制度育人、环境育人、实践育人这三个平台构建全方位育人，在空间上实现了大学生思想政治教育的全面性[4]。

"制度育人"是通过制度建设达到大学生思想政治教育的目的。例如，大学生学生手册、学籍管理制度、奖学金评定制度等，都可以通过制度来规范大学生行为、激励大学生向更加完善的方向发展。"环境育人"指的是利用建筑环境和人文环境来加强思想政治教育。为学生打造更干净舒适的居住环境和用餐环境是对大学生的关爱，在宿舍、教室等场所张贴党政宣传内容，建立思想政治教育基地开展传统文化、雷锋精神讲座、红色歌曲传唱等活动，在网站、公众号推送励志人物、优秀校友、宣传社会主义核心价值观等有意义活动，都属于环境育人。"实践育人"指的是通过开展大学生社会实践活动，让大学生更多地了解企业、了解社会，在社会实践中锻炼自己、提升能力[5]。沈阳化工大学的社会实践工作做得很好，无论是"三下乡"志愿服务活动，还是企业调研走访，都既有文件制度又有策划总结，多次荣获省市的各项好评。2020年，学校又推出将社会实践列入第二课堂实行学分制管理制度，极大地促进了社会实践的教育和管理，起到了很好的思想政治教育作用。

综上所述，"六位一体"全员、"三条主线"全过程、"三个平台"全方位育人的思想政治教育模式有助于发挥学校各个部门、各个方面教师、家庭、校友的力量，共同努力发挥育人作用，通过环境、制度、校园活动等更好地激励大学生全面发展，帮助大学生更好地成长成才。

参考文献

［1］ 张雅光.高校思想政治工作实践育人机制研究［J］.未来与发展,2018,42(11):109-112.

［2］ 苗青."全员育人、全程育人、全方位育人"德育机制的实践探索［J］.河南教育(高教),2018(4):31-33.

［3］ 秦月,李艳琴,谭丽琼,等."三全育人"涵养新时代思想政治教育的途径研究:以贵州师范学院为例［J］.贵州师范学院学报,2018,34(11):1-4.

［4］ 黄振宇.大学生思想政治教育实践育人机制创新研究［J］.佳木斯职业学院学报,2018(7):197.

［5］ 陈燕君."立德树人"引领下应用型高校实践育人创新机制探索［J］.湖北函授大学学报,2018,31(20):7-9.

教育研究

社会工作与美学思想的融合与实践

张　帆

沈阳化工大学人文与艺术学院

摘　要：随着时代发展和社会文明的进步，人们对社会工作的了解越发深入，未来的社会工作必然是一种艺术化、人性化地处理各类复杂社会矛盾的职业，社会工作的管理也必然更加艺术化。美学不但与人类社会的精神生活、物质生活、文化修养的提高密切相连，而且与身心健康、人格品德的完善乃至生命的质量息息相关。社会工作及其管理与美学结合也必将使社会工作的发展进入关注人性美、和谐美的更高层次。发掘社会工作及其管理中的美学因素，把美学规律与社会工作相结合，探索美学与社会工作管理的内在联系，可以将高高在上的美学理论应用于鲜活的社会生活实践，把美学中的美的形式、美的规律等美学因素转化为社会工作管理中的工作艺术。

关键词：社会工作的内涵；美学思想；融合与实践

引　言

　　随着社会的迅速发展，很多社会问题和社会矛盾日益凸显，比如在工业化进程中造成的污染与环境问题、城市人口太多导致的城市拥挤问题以及人口老龄化等社会问题。这些对于构建和谐社会都形成了巨大的阻碍。这些问题的出现和矛盾的上升，使得人们开始关注社会工作，所以说社会工作是社会发展到一定阶段的必然产物。

　　我国社会工作的起步和发展相对较晚。时至今日，尽管很多人已经认识到社会工作的重要性，但是人们还很难把社会工作和脑海中助人为乐的社区活动区分开来，人们普遍认为社会工作就是一种献爱心的活动，它并不是一种专门的职业，这在一定程度上限制了社会工作的发展，使得社会工作很难独立发展。但从社会发展的要求来看，我国的社会工作必将发展和完善起来。

　　人们对社会工作的理解起初并不透彻，伴随着时代的发展和建设美好社会的需求，运用艺术的方式和科学的方法去解决纷繁复杂的社会问题将是未来的社会工作管理的一种主要方式。社会工作及其管理与美学结合将使社会工作的发展进入关注人性美、和谐美的更高层次[1]。本文从三个方面阐述社会工作与美学之间的内在联系，把美学融入到社会工作及其管理当中，应用美学，探讨美学在社会工作当中的实际操作性。美学在认识、美化客观世界的同时，可以认识、美化人的主观世界，促进社会主义精神文明和物质文明建设，塑造一种尽善尽美的心灵境界和理想氛围，使人们能以良好的精神风貌、健全的心态智慧，从容自若步入新的康庄大道。将美学与社会工作管理相融合不再是研究社会工作管理的一般方法、原则，而是研究社会工作如何运用美学原理进行管理并实现人性化、艺术化管理的问题[2]。

基金项目：辽宁省教育厅青年育苗项目（WQ2020007）研究成果。

1 美学中的社会美

1.1 美学的起源

美学一词是德国理性主义美学家、哲学家亚历山大·戈特利布·鲍姆加登（Alexander Gottlieb Baumgarten）在《美学》第一卷里提出的，从而美学成为一门独立的学科。柏拉图认为美的本质就是美的理式（美本身）。他认为理式是客观世界的根源。柏拉图关于美的本质研究的两点价值：区分"什么是美的"和"什么是美"这两个概念证明美学事实上的存在要比"美学"一词早许多，古代哲学家们认为"美是难的""难以说清的"（柏拉图、狄德罗、黑格尔、歌德），这说明人类文明的早期思想家就已经开始对美和美的艺术进行思考。美学从根本上就是一门关于人的审美价值的学科[3]。美学离不开作为社会实践创造者的人，今天研究的有利条件是前人为我们积累了丰富的思想资料。美学并不是一门简单的学科。作为一门人文学科，它又与其他学科有着多方面的联系，可以说它是一门综合学科。美学由文艺学、心理学、哲学等部分组成，它与人和社会有着重要联系，美学要研究人与现实之间的美感问题。人与现实的美学关系要以人的审美价值为前提，所以对美的本质的理解必然与社会科学问题相联系。随着人们对美学研究的深入，现代美学朝着哲学、艺术社会学、心理学等方面发展，其中社会美是美学研究当中一个非常重要的方面。

1.2 社会美

社会美是指社会生活中存在的美。它源于实践，当原始人把一块普通的泥巴加工成一个陶罐的时候，这便是一种社会美的创造，这种创造具有开天辟地的意义。社会美是通过劳动实践呈现出来的。美的形态千万种，在对各种形态的研究中我们发现，我们的祖先最早探索和发现的就是社会美。

社会是由千万个个体组成的，所以人作为社会的主体，社会美首先表现在人的身上。古希腊时期就对人体美有着极致的追求，而早在中国春秋战国时期大量文献就表达出对人格美和人性美的赞赏，比如像对正直、忠诚、谦虚等这样品格赞赏的诗句就体现了人性之美和人格之美。而这种对美的理解和欣赏其实是一种积极肯定的正能量，它离不开社会实践。钟南山院士为美好理想和人类幸福而奉献的事迹是人的崇高品德的展现。人的理想、品德是在现实中转化为鲜活的生活形象的，这不但体现在人的社会生活中，而且是在社会生活中形成的。只有两者结合才能构成社会生活中的美。在现实生活中美好的事物和远大的理想密不可分。人是社会实践的主体，是物质文明和精神文明的缔造者，因此，社会美主要表现在社会实践。而社会工作和社会工作管理恰恰就是一种很好的社会实践，社会美除了表现于社会实践之外，还表现在人的本身。它包括内在美和外在美两个方面。人的外在美指人的仪表美，包括人体美和服饰美，作为一名社会工作者要时刻注重自己的礼仪、穿着。人的内在美指人的心灵美。作为一名社会工作者更要有一颗为人民服务的真挚的仁爱之心。这都说明无论是外在美还是内在美对于社会工作而言都十分重要。

2 社会工作与美学

2.1 社会工作的发展现状

社会工作（social work），简称社工，是一门专门助人为乐解决社会矛盾的专业。社会工作可以有效地预防或舒缓社会问题。社会工作不仅仅是要帮助他人，近些年来社会工作的范围已经由助人扩大到自助的范围。它不仅包括帮助个人、团体、社区融入所在的社会氛围，还包括人类与社会制度和环境等方面的互动等。遗憾的是，社会工作还不具备职业性、专业性。我国的社会工作发展得较晚，虽然这些年许多人已经认识到社会工作不是社会福利事业，也不是社区基本服务活动，但当前，很多人对社会工作的了解还十分有限，仅停留在表层，社会工作的开展难度比较大，再加之社会工作的设施条件比较差，导致从事社会工作的人员严重不足。面临诸多问题，想要进一步地提高和加强、完善和发展社会工作，不仅要完善社会工作管理制度，还要提高社会工作者的业务能力，从而进一步提高和加强社会工作的管理质量。

2.2 美学与社会工作

提高社会工作的管理质量必须要培养一批社会工作人才。以社会工作人员数量还不是十分充足这一问题为例，扩大队伍不是要生拉硬拽，很多人还不了解社会工作的重要性和意义，这就需要在公众中大力宣传。不仅仅要宣传社会工作的知识，更要在青少年中普及美学知识，开展审美教育，将美育与社会工作结合是一项极其必要和有意义的工作。美育教育不是远离生活的空洞说教，它是具体可感的，这源于美学扎根于实践，它用现实生活中活生生的美好事物或先进事迹经过艺术化的加工来感染受教育者。在这些先进人物的影响下，不再需要强迫命令的行政手段，也不需要道德的束缚，公众主动积极地参加社会工作的积极性提高了，这是情感愉悦的精神满足，也是自由感悟的心灵自觉。美学与社会工作管理结合有助于提高社会工作者的觉悟，优化社会工作者的管理模式，培养社工高尚的情操，鼓舞社会工作者为创建和谐美好社会而奋发向上。

3 社会工作中的管理美学

3.1 社会工作管理

社会工作纷繁复杂，是一种助人的活动。但在社会工作的活动当中，会遇到各种各样的情况和问题，作为一个社会工作者，不仅要有一颗服务大众的心，还需要掌握多学科的综合知识。比如熟练掌握社区工作相关的法律法规和国家政策，不仅掌握社会学，还掌握心理学、管理学等知识。可以说，社会工作要想做好，不仅需要科学的管理，也需要艺术化、人性化的管理。在社会工作的管理中，只有渗透人性的美、人情的美、形式的美、形象的美，才能真正激活人的潜能，调动人的本质力量，从而取得最佳的管理效果[4]。

3.2　以儿童和残疾人社会工作为例，美学在社会工作中尤为重要

儿童社会工作是指为全体儿童服务的社会工作。对全体儿童的服务，其工作涉及儿童社会生活的各个方面。对儿童的社会工作包括宏观和微观两个方面。面向全社会儿童的儿童社会工作属于宏观范畴，面向具体儿童的儿童社会工作属于微观的范畴。宏观的儿童社会工作，包括健全有关儿童的立法、推进儿童的教育事业等方面。其中，在推进儿童教育事业中，美学的美育教育作用显得尤为重要。美育也称审美教育或美感教育，它是爱的教育。它通过各种艺术作品以及自然界和社会生活中美好的事物来进行，它可以培养儿童认识美、欣赏美、爱好美和发现创造美的能力。美育能丰富人的感情，对儿童进行美学熏陶和教育，能给他们带来舒缓的情绪，以及正能量的乐观精神。美育能使儿童更好地感受健康的美好的事物。曾经接触的案例可以说明在微观的儿童社会工作如残疾儿童的康复和教育中，美学与社会工作管理的重要性。之前调查研究过一个患儿家庭，患儿脊椎中有脂肪瘤，很小年纪就做了手术，虽然脊椎脂肪瘤并不威胁生命，但是手术却损伤神经，术后的情况并不乐观，医生诊断出患儿未来可能无法行走或存在其他残疾，同时患儿的心理问题可能更严重，建议患儿必须坚持长期和大量的康复运动。此后8年，患儿及其家长常年出入康复医院。康复训练本身是非常枯燥、异常艰苦且需长期坚持的治疗过程。对于患者而言，康复训练可能是阶段性的，也可能是终生的。很多病患儿童的家庭，在陪伴孩子康复训练的过程中因无法坚持而半途而废，放弃治疗。康复医师常说被动地运动100次，还不如主动地运动一次有效，所以患者的主动性显得尤为重要。而且儿童身体和心理的发育仍处于发展阶段，天性好动，喜爱玩耍，在接受治疗时，不能够积极配合，也导致很多家庭放弃对孩子的治疗。但在案例中的患儿康复治疗过程中，社工结合美育教育，让孩子经常听革命英烈和先进人物的事迹，使其受益匪浅，同时也时常在生活中教会孩子发现、欣赏和观察美好的事物。这些结合美育教育的康复治疗使得患儿不仅身体恢复得很好，而且性格乐观、热爱生活，身体疾病和心理问题迎刃而解。美育是"随风潜入夜，润物细无声"的潜移默化式教育。注重孩子的美育，把美学渗透到生活中去，使其具有高尚的灵魂，形成一种自觉的理性力量。美育能帮助人们更好地认识世界，能鼓舞人们更好地改造世界，良好的审美教育对患者身心发展乃至一生都具有积极的影响，这是其他教育无法替代的。

在对疾病和残疾儿童康复的社会工作中美学的作用不仅体现在这一点，就社会工作而言，人际活动是服务的主要内容，社会工作者如果能在工作时注重自己的仪容、仪表，并且在沟通时能够注重社会工作礼仪，可以更快地取得服务对象的信任。一个仪表靓丽整洁的康复老师，会更受孩子的欢迎，孩子也更愿意配合治疗。创造一个优美舒适的康复和治疗环境也十分有助于社会工作的开展，在设计康复中心时要综合运用美学的形式、美的法则，同时了解色彩的功能特性，然后加以正确运用，色彩的合理运用有助于缓解康复者的疲劳感，在缓解烦躁、调节情绪等功能方面都有十分积极的意义。这些都十分有利于社会工作的顺利开展。

4　结　语

事实已经证明，美学与社会管理学的关系是极为密切的。社会工作管理不仅创造美、服务美，而且其最终目的也是使世界和谐美好。首先，美是人的自由创造的形式的展现，在自由创造中，自由与必然、内容与形式、主观与客观是统一的。其次，把美学融入社会工作管理将有益于人和环

境、人和社会、人和人之间的和谐发展。社会工作管理只有与美学相结合，才能使社会工作发生质的飞跃和升华。美的研究不仅在于说明什么是美，更重要的是运用美的规律去创造美。我们发现，美学为了适应人们审美多样化的需求，在自身发展的历史进程中，改变了实用价值与审美价值长期分离的传统格局，努力实现着审美价值功利性与非功利性的辩证统一，以适应人们审美观念的更新。社会工作与美学的结合正是在美学发展的这种方向性转换过程中产生的。社会管理美学的出现是美学面对新时代、确定自身方位、寻找新的生长点的一种选择，是生产关系适应生产力发展的必然结果。同时，社会工作与美学的结合，也必将使社会科学的发展进入关注人性美、和谐美的更高层次。

社会工作管理不单是简单的管理学，也是一种艺术的管理方式；不单是一种社会工作，也是一种社会工作管理文化[5]。把美学理论应用于实践，要求社会工作者在创造和谐社会的前提下，把社会工作向人性化管理方式上转变。把美学应用于社会工作管理中，是美学应用于实践的最好土壤。尝试在社会工作的管理中融入美学元素，将美学理论在社会工作管理中施展应用，这对于创建和谐社会显得尤为重要。美学想要不再是晦涩难懂的美的哲学，它源于生活、高于生活最终又必将回归生活，美学与社会工作管理的相互融合、相互渗透便是美学走入生活，美学不再仅仅是思辨、是哲理，而应该应用于生活。这是美学实用化的转换，也是当代社会下美学发展的一个趋势。

参考文献

[1] 金春兰.管理美学的价值探讨[J].企业研究,2015(7):52-53.

[2] 司莹.管理美学的内容、范畴及当代意义研究[D].西安:西安电子科技大学,2010.

[3] 叶郎.美学原理[M].北京:北京大学出版社,2009.

[4] 白云,司莹,赵伯飞.管理美学刍议[J].经济师,2018,(11):18-19.

[5] 王素珍,吴晓红,李樟.管理与美关系研究[J].企业经济,2003(11):54-55.

新型冠状病毒肺炎疫情期间高校新生团体
心理辅导案例探究

刘明玥　姚晨璐

摘　要：2020年1月新型冠状病毒肺炎疫情爆发后，全国各地高校春季学期返校推迟，这造成刚适应大学生活的新生延迟返校并被迫在家学习，由此导致部分大学生产生一系列应激反应，影响了其正常的学习和生活。大学生心理健康是学校教育的重要目标之一。对于物质生活相对丰富的部分"00后"来说，抗挫折能力较差，甚至会产生以自我为中心等不健康心理和行为。所以，对其在疫情期间产生的应激行为进行辅导和干预是迫在眉睫的。本文以沈阳市某高校新生疫情后开展的团体心理辅导为例，浅谈对高校新生团体心理辅导的建议。

关键词：高校新生；团体；心理辅导

1　相关概念界定和理论依据

1.1　相关界定

1.1.1　"团体"界定

团体是指为共同的目的、利益而联合或正式组织起来的一群人。这群人为达成特定的目标或任务而结合在一起，其彼此间具有相互依赖的互动关系。[1]

1.1.2　研究对象界定

研究对象为沈阳市某大学大一新生，共364人，主要通过线上课堂及课后线上咨询的方式进行研究。通过课程分班形式，对以上研究对象进行团体心理辅导。

1.2　理论依据

1.2.1　积极心理学

本文中运用的积极心理学相关理论是由塞利格曼[1]提出的，积极心理学不否认困难中负面、消极情绪，而是通过正视其重要作用，从个人潜力、优势出发，激发正面情绪，并带动消极情绪，从而化解矛盾或问题。塞利格曼从"习惯性无助"发展到"习得性乐观"，认为乐观同样可以由学习而

基金项目：2019年辽宁省教育厅科学研究经费项目：基于"社会工作＋思想政治工作"的高校学生社区建设模式研究（编号：WJ2019016）。

获得。在进行团体心理辅导的过程中，从积极心理学的视角出发，发掘大一新生的潜能和他们自身所拥有的优势，解决他们面临的问题和困境。

1.2.2　社会支持理论

社会支持是来自个人之外的各种支持的总称，包括正式的支持和非正式的支持。正式支持来自政府、社会正式组织的各种制度性支持，如各级社会保障部门、民政部门等。非正式的支持主要指来自家庭、亲友等非正式组织的支持。社会支持理论能给需要帮助的群体提供全方位的服务，能在个人或社会的矛盾出现后迅速做出全面分析并采取相应措施。在进行团体心理辅导时重视每个新生自身的社会资源，从正式和非正式资源两方面来寻找他们的支持系统，从而在辅导的过程中更好地帮助他们解决问题。

2　研究目的及意义

2.1　研究目的

首先，通过对大一新生进行团体心理辅导及干预，缓解大一新生在疫情期间产生的应激反应，从而使其恢复有序的学习和生活。其次，引导新生形成预防意识，使新生在特定情况下提高其对大学生活适应感。最后，说明团体心理辅导对于大学生的必要性。

2.2　研究意义

理论意义上，团体心理辅导使大一新生认识到心理健康在大学生活中的重要性，并有助于其自我意识发展，提高其悦纳自我的能力。高校是青年思想政治建设的重要阵地，将团体心理辅导与思想教育工作相结合，有利于大一新生在尊重、倾听、温暖的团体氛围中倾诉自己的内心世界，树立正确的价值观，对于增强大一新生的思想政治引领有着十分重要的作用。[2]

实践意义上，团体心理辅导方法更适合大学生成长与发展的特点，线上团体心理辅导在互联网＋的时代有着即时性、趣味性、创造性、针对性的特点。[3]对团体中产生的普遍问题精准分析后，不局限于地点和空间，对团体咨询对象有针对性地进行解答、反馈和辅导，提高了团体心理辅导的实效性。

3　团体心理辅导实例实施过程

团体心理辅导在解决高校学生面临的共性问题时，具有实用性强、效率高、反馈良好的特点，既可以起到解决问题的作用，又可以达到教育预防的目的。[4]在新冠肺炎疫情爆发的背景下，对大一新生开展团体心理辅导，分析其普遍存在的问题和需求，设计团体心理辅导实施大纲并提出建议。

3.1　前期评测

由咨询教师带领同学对本次新冠肺炎疫情的产生及过程进行简单的回顾。咨询教师为同学普及了一些关于面对疫情后产生反应及如何应对的知识。

（1）疫情后可能会出现的身体应激反应。包括：神经系统、感官系统、内分泌系统、消化系统、免疫系统等方面。最明显地体现在学生的睡眠、饮食、消化是否规律等。

（2）疫情后可能会产生的心理应激反应。心理应激体现在认知、情绪及日常行为等方面。认知应激反应体现在学生可能会因记忆力下降、无法集中注意力或过度关注疫情而出现怀疑思维，不断地自检或夸大本身症状。

（3）情绪应激反应体现在学生因为开学时间不确定等外界影响，产生焦虑、紧张、不安的情绪反应。行为应激反应体现在反复重复同一行为、沉迷网络、拒绝与人沟通等。

在普及完相关知识后，对同学们进行线上3分钟自检。在3分钟内，通过对近30天个人作息（睡眠、饮食、消化）、心情、状态等进行自检，判断是否健康或需要进一步的心理援助。

3.2　梳理问题

通过学生自测，主要反映的问题有以下三类。

（1）身体应激反应：疫情后被迫长期在家，无法外出，作息变化大，暴饮暴食，缺少运动量，长期熬夜。

（2）心理应激反应：疫情后无法集中注意力、学习效率低。

（3）过分关注疫情、查看疫情信息，反复消毒、洗手，开学时间不确定等导致情绪不稳定、容易发怒等。

3.3　辅导建议

第一，引导同学正确认识疫情期间的应激反应，让同学理解和接纳应激反应。每个人都有可能产生应激反应，这不是一种病态现象，也不是一种问题，不管是身体上的应激反应，还是心理上的应激反应都是正常现象，同时正常的应激反应会随着时间的推移而慢慢减弱。

第二，建议同学积极调整心态，从容面对心理变化，根据现阶段的课程要求以及老师的安排，重新制订在家的计划。对自己提出一些要求，可以从专业课、四六级和课外书等角度出发，给自己设立一些小目标。尽量按时休息、适当娱乐，慢慢使紊乱的生活"自律"起来。关注积极正向的信息，不信谣、不传谣。在一定时间范围内保持良好的生活和学习状态，使身心重获安全感。

第三，适度运动。建议同学在家中动起来，帮助家长做家务、跳健身操等。也可以培养一些个人兴趣，例如适度地看电影、听音乐、看小说等。

第四，激活资源。建议同学能够重温过去面对困难时的做法，借鉴以前处理问题的成功经验，提升自信心。梳理自己曾经获得的经验与教训，帮助自己找到新的解决问题的途径。

第五，建立支持系统，拓展人际交流。首先，建议同学积极与家长建立联系，学会倾诉和倾听，建立疫情期间的家庭支持系统；其次，鼓励同学多与朋友沟通，提升人际交往能力，构建同辈支持系统，[5]友善互助的情绪会使人感到轻松愉悦，同时也能加强与他人之间的联结。

第六，如果有同学身体或心理上的应激反应持续时长超过4周或4周以上，影响了正常的学习和生活，建议主动寻求心理援助，以恢复自身的心理平衡，如拨打心理咨询热线电话或预约线上单独辅导等。

3.4　评估效果

开展团体心理辅导后，大部分存在以上问题的同学表示情况有所改善，不良情绪及行为有所缓解。并且通过这次疫情期间心理状态的变化及调整，同学们更加了解自己的情绪，对未来面对类似的情况有了解决的方法和面对困境的能力，也认识到了心理健康在成长过程中的重要性。

4　团体心理辅导总结及建议

团体心理辅导需要了解大多数来访者的普遍问题及需求，掌握来访者的年龄层次和咨询背景。咨询教师需通过正向、积极的引导解决大多数来访者的问题。对大一新生的心理辅导是一次适应性的、发展性的团体心理辅导。团体咨询也需要有建立关系和持续回访的渠道和途径，才能使咨询效果达到最佳。

4.1　加大新生心理适应性辅导

高校新生从传统教育管理到自我管理，关注其心理健康将对今后学生的在校发展起到至关重要的作用。学校作为学生的重要活动场所之一，需要密切关注并采取措施应对疫情期间学生可能出现的心理健康问题，做好学生的心理防护工作，发现问题及时开展相应的心理适应性辅导。强化学生心理辅导不仅在新生的返校学习中规划学生的发展，也在今后的学习过程中，能够及时地解决自身的心理健康问题，提高自己抗压能力。

4.2　打造专业心理疏导队伍

咨询教师在高校中是学生的良师益友，能够与学生进行沟通和交流，在学生中间开展团体辅导活动，对学生进行心理疏导。提高专业性，弥补在关爱学生心理健康上关注点或者介入方法的不足，深入了解学生心理，是打造专业心理疏导的重中之重。建议专职咨询教师带领其他兼职教师以专业的理论和方法，以"尊重""助人自助"等理念，促进新生调整心理状态，对高校新生进行团体辅导，实现良好的心态目标，从而能够有效地在学生群体中取得思想引领和心理健康防护的双重效果。

4.3　综合运用专业理论

团体心理辅导中运用专业理论是必要的。对高校新生进行思想政治引领和心理健康防御，需要运用社会支持理论来寻找学生身边的社会资源以及他们的支持网络，同时教师还要以积极心理学的角度去看待他们的现状，发掘他们的闪光点，从个别化的角度来解决他们面临的不同问题，注重同理心等。并将"尊重""保密"等原则贯穿整个辅导过程中，淡化学生对思政教育工作的抵触，使其正视自己的问题与矛盾，增强对自身心理健康问题的重视，从而达到教育目的。

4.4　搭建线上线下防御平台

正式返校前，高校可以通过搭建防护知识平台或建立通信组群传递科学防护知识和学校防疫方案，及时向学生传递最新消息。最重要的是普及心理调适方法，帮助其减少替代性创伤，保持良好心态。通过搭建网络平台，综合运用微信、腾讯等路径，指导学生开展学习，帮助学生做好学习时间管理，及时安排心理咨询教师进行介入和治疗，使高校学生有更强的心理健康感知能力，提高学生的参与度，提升学生的倾诉意识。[6]在学生返校后，积极配合学校做好学生的心理干预，传递健康的理念，推进学生工作平稳进行。

参考文献

[1] 樊富珉.团体心理咨询[M].北京:高等教育出版社,2005.

[2] 何元庆,武梦梅.团体辅导在高校辅导员工作中的应用与展望[J].高校辅导员学刊,2017(2):32-34.

[3] 家博,王鑫.学校社会工作在高校学生工作中的应用[J].运城学院学报,2015(3):64-66.

[4] 戈振州. 团体心理咨询在高校思想政治教育中的实践研究[J].锦州医科大学学报(社会科学版),2019(5):61-63.

[5] 付卓玉.思想引导与心理辅导合力帮助学生走出心理困境研究——辅导员工作案例[J].才智,2018(17):85-86.

[6] 卢迪.高校辅导员做好大学生心理辅导工作的建议[C]//中国教育发展战略学会教育教学创新专业委员会.2019全国教育教学创新与发展高端论坛论文集,2019.

以思政教育为引领，探究劳动育人与资助育人的有机结合

郑烁今　王良印

沈阳化工大学

摘　要：党的十九大以来，随着党和国家对劳动育人和资助育人制度的不断改革和完善，劳动育人与资助育人有机结合的路径探索受到越来越多研究者的关注。本文以思想政治教育为引领，基于劳动育人对家庭经济困难学生家庭的特殊意义，对劳动育人与资助育人有机结合进行初步探索。以培养正确的人生价值观为中心，以增强学生劳动积极性为切入点，以提高学生劳动能力为关键，最终完成"立德树人"的根本任务。

关键词：大学生；思想政治教育；劳动育人；资助育人

引　言

劳动是创造物质财富和精神财富的过程，是人类特有的基本社会实践活动[1]。劳动教育是发挥劳动的育人功能，对学生进行热爱劳动、热爱劳动人民的教育活动[1]。实现劳动与实践相结合的育人模式，正是马克思主义强调将实践观和劳动观相结合的必然进程。我国的劳动教育从20世纪50年代起，经历了"初塑时期—政治化时期—现代化初建时期—新时代发展时期"的演变和发展[2]。2020年7月，教育部印发《大中小学劳动教育指导纲要（试行）》，标志着新时代党对教育提出的新要求正式确立了"硬性指标"，在劳动中实现树德、增智、强体、育美的教育目的[1]。围绕"五育并举"的教育方针和立德树人的根本任务，学生资助工作自党的十九大以来，成为一项重要的保民生、暖民心工程，事关教育公平和全面建成小康社会的整体布局[2]。在习近平新时代中国特色社会主义思想的引导下，坚持以人民为中心的发展思想，积极推进资助育人，不断增强学生资助力度，不断加大资金投入，使学生资助工作得到进一步提质，资助育人成效显著[3]。当下，在国家全面脱贫的关键时期，随着绝对贫困人口的不断减少，在国内经济正力争加快形成以国内大循环为主体、国内国际双循环相互促进的新发展格局的背景下，我们需要重新审视劳动育人与资助育人的内在联系。通过政策落实、资源整合，实现以育人为主线的根本目标。基于以上，探究如何以思想政治教育为引领使劳动育人与资助育人相结合，以达到两者互补、"鱼渔兼授"的育人目的，具有重要的意义[4]。

1　新时代下高校劳动育人工作的重要性

马克思在《资本论》中阐述："未来教育对所有已满一定年龄的儿童来说，就是生产劳动与智和体育的结合，它不仅是提高社会生产的一种办法，而且是造就全面发展的人的唯一办法。"[5] 使教

育与劳动生产相结合，是马克思主义教育思想的基本原理[6]。我国的劳动教育历史可以追溯至20世纪50年代，教育部副部长钱俊瑞在《改革旧教育，建设新教育》报告中最初提及"实行教育与生产结合"的教育方针，在新中国七十多年的历史中几经变革。2018年9月，习近平总书记在全国教育大会上特别提及"劳动教育"。2019年1月，教育部部长陈宝生也明确指出：要狠抓劳动教育，将"劳"纳入教育方针[3]。更加重视劳动教育，是新时代党对教育提出的新要求，在劳动中对学生进行价值观树立、积极性激发和能力提升是中国特色社会主义教育制度的重要内容。针对劳动育人的相关研究结果显示，目前大学生中存在的价值观、积极性及劳动能力的问题主要表现在以下几个方面。

1.1 劳动价值轻视化，价值取向功利化

随着当今社会互联网的高速发展和改革开放优越性的显现，国人的生活水平显著提高，这使当代大学生的思想发生转变。"劳动最光荣"逐渐成为一个口号，甚至带有嘲讽意味。农民不再是"伯伯"，工人不再是"兄弟"。对劳动价值的轻视化和大学生价值取向的功利化，使现代大学生忽视了劳动才是人类生活的本质，劳动也是学习的重要途径[7]。

1.2 劳动动力下降化，劳动态度消极化

很多青少年不珍惜自己的劳动成果，很多学生纷纷表示不想劳动、不愿意劳动。例如，"阿姨我不想努力了"是2020年突然走红的网络梗，在各种社交媒体上迅速传播开。实际上，这只是经济飞速发展后，年轻人期望不劳而获、渴望一夜暴富的病态心理。但令人感到沮丧的是，随着这个梗的不断传播，抱有这种幻想的人越来越多，甚至不乏深陷其中而不可自拔者。在经济高速发展的今天，消费主义和金钱主义演绎得淋漓尽致，这在一定程度上扭曲了现代大学生的心理。劳动动力下降、态度逐渐消极化是我们亟须正视的问题。

1.3 劳动能力削弱化，劳动过程形式化

劳动教育决不单单是学校单方面的义务或责任，需要"家庭—学校—社会"三级互动。大多数家庭向孩子灌输了"读书是第一要务"的思想，"剥夺"了学生学习劳动技能的机会，导致了学生的劳动能力削弱化。其实，家庭是学生劳动教育的基础，学生学有所得后，最终会回归家庭的劳动生活中。另外，目前许多学校对劳动教育更多的是注重形式，而没有培养学生养成劳动的习惯。学校应在劳动教育中发挥主导作用，在课程设置上应该采取灵活多样的形式，从而激发学生劳动的内在需求和动力。对于全社会而言，在学生的劳动教育中需要发挥支持作用，为在校学生的劳动教育搭好平台，让学生有机会到普通劳动者中去，深入城乡社区、福利院和公共场所。

新时代下，劳动可以帮助高校学生建立良好的价值观。一方面，劳动教育可以培养学生价值认同的观念。通过合作、沟通、接触，可以让学生明白劳动的意义和重要性，懂得尊重他人劳动成果，逐步树立自我意识。另一方面，通过劳动收获知识、财富、幸福感有助于学生正确财富观的形成，健全优异的品格。新时代下，劳动教育更能给予学生精神满足感，产生幸福感。一个人通过自身劳动取得收获、获得他人肯定、得到社会认同，可以在日益喧嚣的社会中使学生在精神层面上得到满足感和成就感。作为改造客观世界的主体，在参与改造自然世界和社会关系的过程中，展现了人的主观能动性和主动创造精神，进而产生自我价值的肯定，产生幸福感。

新时代下，劳动有助于大学生能力的提升和学生个人的全方位发展。"德育""智育""体育""美育"是培养人各种能力和人格的重要方面，而最终展现成果则需要通过劳动教育。劳动教育不应

是单独的一种教育形式或手段，而是存在于整体教育中的枝干。以劳动教育为基础或统领，开展"四育"，使学生在劳动中熟练掌握德育、智育、体育、美育所学知识，达到知行合一的最终目的。

劳动教育也是加强学校教育与社会生活、生产实践直接联系的关键点，起到纽带作用，学生通过劳动认识社会，增强社会责任感，具有显著的实践性。学生在认识世界的基础上，获得有积极意义的价值体验，学会建设世界、塑造自己，达到树德、增智、强体、育美的目的。

2 高校资助育人工作的局限性

党的十九大以来，党和国家高度重视高校学生资助工作，为家庭经济困难的大学生设立了"奖、助、贷、勤、补、减、免"相结合的多元化资助体系，从根本上保证了"不让一个学生因贫困而辍学"，体现了教育的公平性。但是在资助工作的开展中还有许多局限性。目前，高校的资助主要以国家和地方的奖助学金、助学贷款为主。图1所示是全国学生资助管理中心公布的《中国学生资助发展报告（2019）》中普通高校学生资助数据。从图中可以看出，2019年全国高校学生资助资金共计1316.89亿元，资助高校学生4817.59万人[2]。其中，各类以考查学生学习为目的或直接给予的奖助学金及助学贷款比例高达77.29%，而需要学生付出劳动的勤工助学金部分仅有2.59%。全年共资助勤工助学学生411.34万人，人均资助为838.72元[2]。

图2所示是2016—2019年中国普通高校奖学金、助学金、助学贷款及勤工助学金额的变化图。从图中可以看出，勤工助学金额的增长速率低于其余三类资助资金的增长速率。

目前，资助体系对育人过程中劳动育人的重视度不高，造成这种结果主要有以下几个原因。

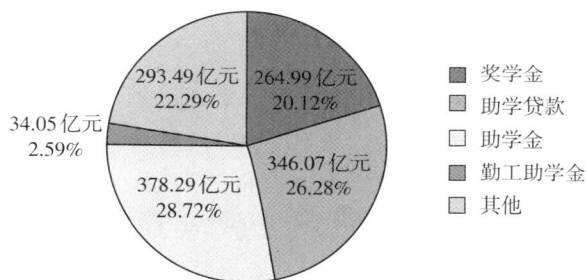

图1　2019年中国普通高校学生资助比例

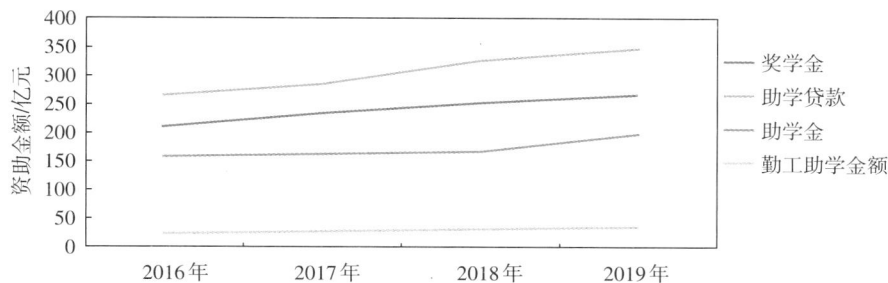

图2　2016—2019年中国普通高校各项资助金额变化图

2.1 资助育人理念相对落后，需要思想政治教育引领

目前，国内高校对于学生资助主要是以经济层面的无偿资助为主，更多的是考虑学生学习成绩或家庭情况。无论是奖助学金还是助学贷款，都是政府、地方和高校对学生单方面的投入。这种资

助与"输血式扶贫"相似，极易造成学生"不劳而获"的惰性心理和不愿参与劳动的消极心态[8]。而这种单方面资助与部分家庭"读书至上"的教育观念相结合，进一步造成学生思想意识的偏颇，不能树立良好的世界观、人生观和价值观，缺失了提高劳动能力的机会[8]。过多的救助式资助，使参加劳动自足的有偿性资助的学生越来越少、参与勤工助学劳动的人数越来越少。另外，有偿式资助岗位设置单一、帮扶效果差等特点也导致了学生积极性普遍不高。面对这样的情况，高校应及时调整资助育人的理念，将思想政治教育引入到资助育人中，将思想政治教育贯穿资助育人的全过程，将资助育人与思想政治教育有机地结合起来，应以提高学生的道德素养、思想水平、劳动能力为目标开展资助育人工作。

2.2 过分强调"贫困生"身份，忽视思想政治教育

目前，许多高校将家庭经济困难学生的资助工作都放在了贫困生身份的认定上，只在每年进行一次贫困生资格的认定，便以此为依据开展全年的资助工作，对资助育人中"育人"的概念没有系统性的认识，过度强调"资助"。只将资助育人工作视为减轻学生经济压力的一种方式，忽略了思想政治教育的重要性，没有实现家庭经济困难学生精神和物质的双提高。同时，在资助育人过程中，忽视了劳动的重要性，使学生失去了本应得到劳动教育和提升劳动能力的机会。因此，高校在资助育人时，应对受资助的学生进行思想政治教育，使学生拥有感恩的心，更好地回报社会。

2.3 时代发生变革，思想政治教育需不断提升

国家大力开展学生资助，是为了保证贫困学生更好地生活、学习。随着时代的变化，人民生活水平日益提高，贫困人口绝对值不断下降，国家、地方和高校给予的无偿资助对于学生来说吸引力降低。而市场趋于多元化发展，学生通过课余时间进行兼职就可以获得收益。许多高校还是以国家颁布的《勤工助学管理办法》给参与劳动获取有偿资助的学生报酬，即12元/时[9]。学生付出劳动后获得的收益远远低于课余时间兼职获得的收益，且在学校内参与的劳动技术含量低，学生自身劳动能力得不到提升，更降低了学生参与的积极性。面对这样的问题，学校应当紧跟时代的变化，将思想政治教育融入到资助育人的体系中。紧贴社会需要设置学校的劳动岗位，让学生在学校中可以不断提升自己的劳动能力，这样才能在步入社会后不被社会淘汰。

3 以思想政治教育为引领，实现劳动育人与资助育人的有机结合

劳动育人与资助育人的相同点都在于育人，无论是劳动还是资助，最终目的都是"立德树人"，劳动教育和资助学生都是育人的方式。高校应始终把育人摆在首位，为使劳动育人与资助育人有机地结合起来，应以思想政治教育为引领，将思想政治教育贯穿始终。

勤工助学是指贫困学生参与劳动获得资助的途径。通过参加勤工助学，学生既可以获得劳动报酬（外在物质），又可以提高自己的实践能力（内在能力）。因此，勤工助学兼具"劳动育人"和"资助育人"的功能。高校要以勤工助学为切入点、突破口，通过对参与勤工助学的家庭经济困难学生开展思想政治教育，宣传"劳动光荣"，让一小部分学生带动更多的学生，使其正确认识劳动的价值，树立正确的价值观，学会尊重他人的劳动成果，懂得通过劳动获得收获的意义。

为了将突破口扩大，可以采取以下措施：一是对勤工助学的岗位进行科学的设置，使参与勤工助学的学生在劳动中有所学习、有多收获，以达到让更多的学生看到，并且愿意参与到劳动中的目

的。为了防止学生养成功利化、"一切向钱看"的错误价值观，要及时对学生进行思想政治教育，让他们明白劳动的重要性，以及劳动和能力的关系。二是引导学生心怀感恩，通过劳动汗水换取成果，增强学生的诚实劳动观念，拒绝不劳而获和弄虚作假的现象发生，坚决抵制不良风气，在校园中广泛建立起正确的劳动价值观念，通过劳动创造价值，梳理正确的幸福感和价值观取向。三是对参与勤工助学的学生进行个性化培养，结合学生的未来规划，制订专门的成长计划。如果想让小部分参与勤工助学的学生带动更多的学生，那么必须让学生看到、知道，参与劳动后可以使自己向着既定的人生规划更进一步。例如：对于毕业希望从事教师行业的学生，可以联系当地的中小学进行实习，请有着丰富经验的老师对学生进行指导，让学生知道自己的不足和努力的方向；或选取一批有志扎根基层、服务人民的学生，与学校对应的扶贫点联系，通过实地体验，让学生们感受到自己应该学习什么、自己应该做好什么准备，不断锤炼他们的意志，从而进一步带动更多的学生参与到劳动中，最终达到"立德树人"的根本目的。

除此之外，还应搭建专门的平台，进一步将劳动育人与资助育人深度融合，坚持实践和理论相结合。通过平台，可以设置创新创业的项目，让参与了最初期勤工助学的学生带领不能参加勤工助学的学生（即非贫困生）共同提升劳动能力，进而达到立德树人效果的全覆盖。通过平台，还可以不断争取社会力量的资助和帮扶，结合学生的专业所长，以平台为依托，与实践单位进行科研合作、实习交流，使学生在学校中也能得到社会需要能力的锻炼。最后，通过平台，可以对优秀的学生进行宣传，用榜样的力量激励学生，起到示范、激励、导向和矫正等多种作用，吸引更多的学生加入进来，最终成为一种文化传承。这也是高校在育人过程中发挥更强作用的方法。

另外，还应对劳动及时做好评价，规范评价规则，切实提高劳动育人与资助育人的实效。将学生参与劳动的时长、内容以及成果做成系统的评价，与学生的评奖评优进行挂钩，建立科学化、规范化的评价体系，对学生的劳动做出及时的反馈，激励学生保持劳动欲望，坚定"劳动最光荣"的信念，养成坚韧不拔的意志品格。

4 结 论

本文分析了新时代下高校劳动育人的重要性及资助育人的局限性，以思想政治教育为引领，以勤工助学为切入点，将劳动育人与资助育人有机地结合起来。高校应始终以立德树人为根本目标，通过劳动教育和资助帮扶等形式，将思想政治教育贯穿始终，达到育人的目的。高校应以思想政治教育为枝干，将各个领域、各个方面连接起来，将学生培养成德、智、体、美、劳全面发展的复合型创新人才。

参考文献

［1］ 教育部:《教育部关于印发〈大中小学劳动教育指导纲要（试行）〉的通知》.［EB/OL］［2020-07-09］. http://www.moe.gov.cn/srcsite/A26/jcj_kcjcgh/202007/t20200715_472808.html.

［2］ 2019年中国学生资助发展报告［N］.人民日报,2020-05-21(006).

［3］ 陈宝生.进一步加强学生资助工作［J］.中国高等教育,2018(6):4-5.

［4］ 刘凤萍.高校精准资助的制度育人研究［D］.西安:长安大学,2016.

［5］ 马克思,恩格斯.马克思恩格斯全集:第42卷［M］.北京:人民出版社,2017:3.

［6］ 谢丛丛.改革开放以来中国共产党教育战略思想研究［D］.济南:山东师范大学,2016.

［7］ 孙倩茹.新时代劳动教育视域下高校资助育人路径探析［J］.学校党建与思想教育,2020(9):85-88.

［8］ 张橙.高校勤工助学和思政教育有机结合的路径分析［J］.辽宁经济职业技术学院·辽宁经济管理干部学院学报,2020(4):68-70.

［9］ 李玲.发展型资助视阈下高校勤工助学困境及路径探索［J］.绥化学院学报,2020,40(8):124-126.

虚拟仿真技术在艺术专业教学发展
过程中的作用与探索

曲维元

沈阳化工大学

摘　要：黑格尔在所著《美学》开篇就曾提到"艺术是感性的理性显现。"[1] 艺术专业教育就其本身创作原则的特殊性，加之随着近年社会发展带来的专业领域拓展和演变，让原本不易被客观规律佐证的教学方法，变得更为复杂。虚拟仿真技术结合艺术创作及教学的本质规律，在技术应用和教学观念阐释上，起到十分有力的助推作用。不但有效地解决了后工业化时代，高校艺术专业教学主客观资源与行业发展速率不对等所造成的矛盾与问题，也使原本不易直接作用于表述的感性思维在理性行为的展开方式上得到可被感知的教学手段显现和教学观念代偿。

关键词：虚拟仿真技术；艺术创作教学；教学观念代偿

虚拟仿真技术已在教学领域中得到了广泛的技术应用，针对不同学科的专业特征、实践特点，在不同行业生产流程中的预演、生产结构演示、不同技术原理演示等方面发挥直观的教学表述作用，并对教学认知途径进行赋能。

艺术专业教学长久以来被认为是以经验化为主，自我行为作用与审美规律相结合的教学方式，传统教学很大程度与现代艺术创作形式、艺术产品创作理念有较大的差距。造成其差距的主要原因是行业发展带来了教学单位专业数量的增加，但教学实践深度与行业生产形式存在一定的局限。结合虚拟仿真技术在艺术生产创作领域的应用，视觉表述观念在创作观念表述中的应用，不同艺术类专业结合自身专业及创作特点，在艺术类专业发展完善的过程中，以常规教学手段、教学观念、行业需求之间的链接作为切入点，从教学理念和教学表述、认知层面进行赋能。

1　我国高校艺术专业的学科特征与专业发展趋势

1.1　艺术类专业分支学科分类逐步细化

随着技术带来的生产生活方式的变化，学科分类的细致化趋势越发明显。在国务院学位委员会、教育部新修订的《学位授予和人才培养学科目录（2011年）》中，艺术学成为新的第13个学科门类即艺术学门类 [2]。随着近年来高校艺术创作专业不断完善，加之具体专业门类在艺术创作生产领域中的精细化分类，在原本已有的13个学科门类基础上又延伸细化出了上百个二级学科及专业门类。学科分类的细化在教学层面的作用体现在本学科知识体系、教学体系的完备。以设计学为例，艺术创作形式分类可分为环境设计、产品设计、视觉传达设计等学科门类。从学理与创作媒介等学科本体角度来看，设计学中的视觉传达设计又可细分为平面设计、数字媒体设计等不同专业门类。不同院校结合自身专业特色、师资及教学资源的不同，在专业划分上有一定区别，但总体学科发展体现在艺术类学科对应的现实创作领域在社会逐步更迭完善的审美实践需求之上。从教学形式与学科建设来看，其产生的变化是专业分类的细化，究其本源则是以人才培养为目标的精细化需求带来了教学思维的变化，并以之为起点影响至外在的教学实践形式与其涉及的诸多教学行为方式。

同时在学生学习成果及专项人才培养的深化层面，艺术专业学科的细致划分，也是技术、生产体制在艺术行业中的完善，艺术行业在不同社会背景中所承载的文化价值、生产需求带来的必然要求。以影视摄影与制作专业为例，原本单一的摄影师职务在行业需求下，细化出拍摄前期构想、拍摄中期执行与拍摄后期管理等相关门类。一些专业院校甚至结合实际生产中不同的拍摄形式，将摄影师培养以拍摄方式划分为斯坦尼康摄影师方向、航拍摄影师方向等进行专项培养。在学科及专业划分中，也根据这样的趋势，一些专业院校在原有的影视摄影与制作专业基础上划分出电影摄影、影视技术等不同专业方向。随着影视工业化制度在影视制作行业的不断加强，对专业人员的需求也从原有的一专多能逐渐转变为全面通识基础上的专人专业。这样的学科分类与专业细化，是在本学科创作原理基础上，将应用技术与实际艺术生产的深入结合，及对教学体系的思考。艺术创作专业的实践与专职人员的高水平要求是学科发展的必然结果。满足专业人才需求，并进一步完善自身专业分工与生产建制是行业的必经之路。

1.2 学科分类细化基础需要专业教学的实用性和职业化的强化

新专业分类的出现及相关人才培养是所在行业生产精细化分工产生的需求，同时也是行业中，原有专业融合后所产生的新专业、新领域下，对专业人才的必然要求；是生产体制完善的必然趋势，也是专业分支拓展的必然趋势。

面对这种需求，高校艺术专业教育在原有的造型技能、艺术修养提升等基础概念上，针对实际岗位人才需求向更有针对性的实用型人才培养转型。如工业设计二级专业学科，在原有基础上可分为产品设计、服装设计两大造型设计方向。随着工业体系的进一步发展，市场对专职设计人才需求的增加，又在原有分类基础上延伸出如汽车外形设计、家具设计、珠宝首饰设计等专业分支。学科细致划分使学生与教师在学科知识交流过程中，教学思维与实践方式不再局限于宏观的学科设计原理范围，而是进一步拓展至特定行业分工，具体如生产工艺、生产流程以及产品品类需求的特定创作思维方式。创作媒介载体中形成的创作意识与创作意图所指向的教学层面，也在学历教育基础上，向着职业技能培养的实际要求倾斜。与此同时随着技术的发展与行业融合发展出的新专业，对人才解决实际问题的培养需求成为了自然而然的目标，职业化倾向也更为明显。如电影数字化生产普及后，针对电影数字素材管理的专职人员——数字影像工程师（DIT）的培养所面向的就是一个生产辐射面极大的专业领域。在介入影像创作整体流程时，影像工程师需要利用自身专业，就数字电影制作的不同阶段所产生的与影像艺术和数字技术同时相涉的创作工艺问题进行合理分析，并给出解决方案——如最初的影像格式、文件分辨率的选择，到拍摄中期的素材预览、文件管理、监看拍摄现场素材局域网布局，再到拍摄后期的素材管理、素材代理文件转码、色彩管理等方面进行协同管理工作。每一项工作都是现代数字化电影生产的重要环节，其工作完成度和工作质量直接影响到电影艺术生产的最终结果，且解决对应问题所需的能力不单只有影像艺术教学中的原理，也包含从业者对原理基础上相应技能的掌握与对应实际电影生产问题的灵活使用。

艺术专业的实用性、职业化培养并非对原有学历教育中艺术内涵、艺术创作理论体系建构的弱化和舍弃，而是根据实际的行业发展需求的同时，在学科发展内在动力驱动基础上所产生的以最终应用型、复合型创作人才为培养目标导向的发展趋势。

1.3 行业发展需求下学科融合性的加强

艺术创作是感性思维与理性思维结合后的生产行为方式，感性思维属于创作个体认知产生的特有思维形式，而理性思维所驱动的是学科对应的生产技术、生产流程和结合当下生产制度所产生的科学的工作方式。学科伴随行业分工的细致划分，行业分工的明确带来工业化生产体制的加强。但并非只是功能性地就自身专业领域包含的技能角度于工作思维与意识角度的思维形态复制，而是在更宏观的艺术生产原理与对应的工艺体系、生产方式等涉及创作整体过程中综合知识体系的融合。正如一些学者就高校现行人才培养需求方面所提及的——专业程度提高的另一个方面的体现，即对从业人员综合能力要求的提升，与对应教学单位专业融合性的强化。[3]

高校艺术教育与一般职业教育的最大区别，在于其在本学科应用领域的宏观性。所培养学生的目标是在宏观学科认识的基础上，解决实际创作过程中的典型问题。高校教学过程中给予学生的是在技能培训的同时具备丰富的职业认知素养。这就让艺术类学科下专业学习过程中的学科综合性明显加强。再加上当代媒介形式的爆发，让原有的传统艺术创作形式，在技术革新与大众审美需求的基础上生成了新的创作思维路径；也在时代综合因素的驱动下，对艺术创作从业者进一步提出了学科实践综合能力的要求。

实际创作服务于高校艺术专业教学。媒体形式的发展融合，促成了如数字媒体艺术、流媒体艺术等相关专业。这些专业所服务的行业与创作形式本身就十分庞杂，其需求从业者要在已有创作原理基础上针对艺术形式的应用场域、服务类型进行细致且综合的创作，并利用不同媒介特性综合形成符合当下艺术审美需求的艺术作品。其中数字媒体艺术专业所服务的对应艺术形式中，艺术家不但需要结合特定的展示媒介进行艺术作品表现形式的构思，还要在满足自身艺术观念表达的同时考虑功能性。其中涉及的专业技能和创作原理已不再仅局限于某一单一媒介形式，而是利用不同技术下形成的综合媒介。为了满足这样的创作需求，数字媒体艺术专业在课程设置与教学设计中也要结合实际需求，打破传统媒介技术划分下的专业屏障，结合自身所处社会环境、经济环境的特征进行专业培养的制定与学科建制教学内容的规划。满足行业需求的同时建构自身学科专业特色。

2 高校艺术专业教学发展与行业弥合过程中的主要矛盾

高等院校教育的根本原则是以人为本，根据社会需求培养专业人才。我国高等院校艺术类专业随着近年来艺术行业的发展，在教学单位、专业建制等教学体制方面的改革与延伸十分迅速有效。与此同时，因教学资源、师资力量分配不均，传统艺术教育方式与现代艺术生产方式的不对等，艺术专业自身教学及培养特点造成的矛盾与发展现实也愈发突出。矛盾成因按照教学模式形成的相关因素可划分为教学实施环节中，客观教学环境与创作情境影响创作思维方式传递的失衡；资源因素作为意识外化途径在教学环境中的局限；教学主客体之间的认知因素在教学实践过程中，知识信息交换的"失范"体现在三个方面。

首先，在现代艺术教育资源分布严重失衡的情况下，高校艺术教育质量存在较大差异[4]。任何一种艺术创作本体的存在，在很大程度上依赖于创作媒介、创作场地、创作规模。优质的教学资源和教学条件在专业类院校重点专业较为完备，但普通综合类院校就较为匮乏。在很多高校的艺术专业中，专业课授课还停留在"就案例谈原理"的阶段。同样在一些专业类院校优质专业中，也由于教学环境的特殊性与实际艺术生产环境的普遍性的不对等，造成教学环境的失效。虽然学生可以在创作原理上利用理论进行对应艺术创作理论的认知学习，但终究回归行业，不同的案例所面对的不同生产规模、不同生产预算、创作和设计需求以及完成作品后适用作品自身的展示场域、实用功能、审美功能都是影响创作生产的变量。加之艺术创作工业体制的完善造成集体合作生产制度的增强，导致多数情况下，传统教学环境和教学资源的失效。

其次，教学资源不足的状态，也造成了应用在艺术教学实践的创作媒介工具落后于真实艺术生产中媒介工具的问题。很多艺术形式都受到技术应用的影响，每一次技术的发展都会产生新的工作方式与艺术观念；反之艺术观念也会刺激相关艺术创作技术的发展及演进。技术和创作需求的推进诱发技术与创作工具的推陈出新速度加快，也随即造成了高校艺术专业中，教学涉及的创作媒介工具滞后的问题。在对应媒介工具不能与实际创作工艺对等的情况下，创作意识形态无法在该工具对创作对象进行主观改造的过程中进行外化，其结果必然造成主观创作思维与实际创作原理在教学环境中的局限。

最后，教学客观条件的不足所造成的问题，也更进一步造成了教学主体教学表述与教学对象信息接收的不对等。在高校艺术类专业任教的教师通常也是相关行业的创作人员，可能一些教师并不在创作一线长期工作，但也具备一定的创作素养。由于不同创作人员的能力、社会从业经验，不同个体对艺术创作的认知深度不同，接触到的创作层次的不同，产生了教学主体在认知层面不同的现象。而艺术创作本身是从概念出发，通过客观媒介在创作环境中的作用，将自身艺术观念转换至最终艺术作品。与创作行为紧密相关的工具媒材是创作主体阐释艺术语言的载体。如何使用对应媒介，如何针对特定艺术创作制度特征、创作规范性特征，结合自身主观创作意识对概念与最终成品进行衔接，如何应用理论解决实际问题等，各个过程中均存在不确定性。因此关于基本理论及技能的实际应用，存在教师表述和实体展示、理论学习转换为的创作行为与创作成效的教学反馈滞后的现象，直接造成了学生在课堂学习过程中，不能充分将理论学习中的创作原理落实到创作过程中的问题，也产生了有限地将理论转化为属于自身的创作行为依据的现象。

3 结合虚拟仿真技术的特性在克服艺术专业教学发展矛盾中的探索与助推作用

虚拟仿真技术是在视觉感知基础上，利用虚拟现实技术（VR）、增强现实技术（AR）或混合现实技术（MR）将概念产生的物体、环境，以全维度、多视角、沉浸式交叉的方式进行展现的技术手段。同时有别于CG动画，使用者可以结合自身主观行为在虚拟环境中进行行为交互。

在生产中，虚拟仿真技术通过自身打破线性时空，低成本、低风险等特性，已广泛应用于生产预演中。在教学中，虚拟仿真通过对生产情境的再现，就不同工作生产功能进行视觉化表征的同时，从教学主体角度也起到教学语言表述与教学认知的作用。在解决现有高校艺术类教学发展问题中起到极大的助推作用。

在对应的客观教学资源和教学环境上，虚拟仿真技术可以最大限度地降低教学成本。传统教学形式中，特定教学环境需要极大的建设和日常养护支持。虽然一些成熟的教学单位可以负担日常专业环境的教学运营，但在创作设备的更新上仍旧无法做到与行业同步。虚拟仿真系统在教学中的应用，可以将创作环境结合常规艺术生产流程与经典创作案例进行与真实对应的虚拟空间建构。并通过数字化视觉手段，对真实创作媒介、造型工具的工作原理进行表征，在虚拟空间中犹如真实工作方式进行展现。英国格拉斯哥美术学院开发出的可视化项目的VR应用中，学生可以打破空间的界限，身临其境地对"世界文化遗产"进行赏析（图1）。[5]由敦煌研究院开发的"数字敦煌"全景资源库收录了30个跨越北魏、西魏、北周、隋、唐等10个朝代的经典石窟。可以登录"数字敦煌"的网络平台，对30个洞窟进行720度全景漫游，使学生最大限度地降低学习成本，同时也保证了珍惜遗产的保护。使用虚拟仿真技术对艺术创作环境与艺术专业教学实践环境进行再现的另一个重要的知识信息表述作用，反映在艺术创作经典案例通过数字手段将工艺流程在对应创作场域视觉信息的基础上进行再现（图2）。艺术创作与生产相同，在经济条件制约和工艺流程、工作方式的限制基础上会出现无法在教学环境中将对应教学内容的典型生产案例复原的问题。而虚拟仿真技术针对自身与现实环境的"全因素"感知再现的特性，以能打破真实时空维度限制的高自由度视角，能够在文本基础、创作经验基础上对课堂所需的案例进行全视觉语境下的复盘，并在不计使用成本的基础上循环使用。再现不是目的，而是通过虚拟仿真技术在虚拟空间中，利用与真实对应的虚拟创作工具在使用者主观创作行为的作用下形成视觉生产逻辑。

图1　格拉斯哥美术学院可视化艺术项目　　　　图2　"数字敦煌"交互平台

　　数字技术对创作媒介工具的外观、功能，通过数字建模技术、光线追踪技术在虚拟环境中再现与视觉真实性加强，使艺术创作工具在虚拟环境中模拟，建立对应知识体系必要的认知作用，已成为十分有效的教学手段。媒介模拟的应用最早出现在行业生产的技术预览领域中。The Third Floor在电影拍摄前期的预演中就有针对技术实施的技术预演服务（TechVision），在艺术创作需求基础上针对创作技术需求，针对创作预算、电影制作周期、风险及可行性预判等角度进行技术先行的预览。ARRI公司针对自己的产品，也在用户环境设置了相关的虚拟产品使用说明。ALEXA SXT Explorer就是针对其旗下产品ALEXA SXT摄影机的一款虚拟方针App，使用者可以结合手机、平板电脑等移动设备端口，对SXT虚拟摄影机利用触摸屏进行不同方位的调整，也可以结合软件中的应用及展示逻辑，对虚拟模型中的功能进行了解，更进一步可以直接访问官方网站深入了解其使用细节（图3，图4）。商业作用上，这种展示方式直接拉近了准客户与产品的距离，这种展示形式蕴含的教学表征思维和功能性阐述的展示方式，不论是在客观的艺术创作流程、艺术创作媒介层面的具象化表述，抑或是应用在教学主体的创作认知概念，在实际教学实践过程中的应用都可以在形式和媒介角度得到一定程度的借鉴和利用。中国人民大学数字媒体艺术工作室，结合经典电影案例利用上述

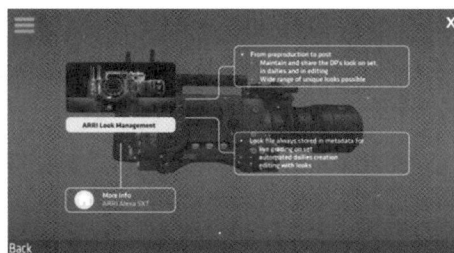

图3　ALEXA SXT Explorer VR操控界面　　图4　ALEXA SXT Explorer功能介绍交互功能

开放式空间与"关键环节标注"的方式将虚拟空间中的互动与教学点相结合。该系统的介入，丰富了教学手段的同时，将关键创作知识点所涉及的理论（如何应用至实际的落地环节）进行标注，并通过软件层级逻辑，在虚拟写实环境基础上加入了对比实际创作复杂环境"抽离"机制。使教学信息认知建立在更清晰的理想化创作原理演示的展示机制中，并对原理在实际案例的应用进行对比。让学生对学习内容和如何做到学以致用有更直观的把握，也让教师更好地将个人创作经验与实际创作客观条件在教学表述上进行更好的融合。如图5和图6所示。

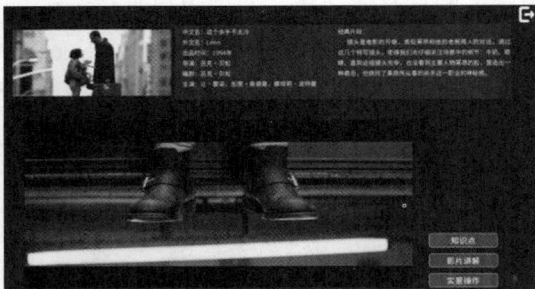

图5　中国人民大学数字媒体虚拟仿真电影教学平台（一）　图6　中国人民大学数字虚拟仿真电影教学平台（二）

随着计算机算力的提高与运算成本的降低，以更简便、直观的开放式软件在艺术创作观念表述与艺术创作手段的视觉化表达也逐渐成熟。在已有数字技术应用逻辑基础上，也利用在个人创作者的艺术观念表达上。同样，利用这种类型的软件在教学方面的探索也在近年逐步开展，其中蕴含的教学作用也随着软件媒介的功能强化日渐显现。本年度结合自身研究需求，笔者利用Set a light 3D，CineTracer等实时预演软件在鲁迅美术学院、北京电影学院、西安美术学院分别针对不同的课程需求与实际的教学内容结合，进行了教学功能性探索。

利用Set a light 3D在灯光模拟方面的优势，在鲁迅美术学院影视摄影专业三年级广告摄影课程中，结合同学们的拍摄方案进行灯光预演。其目的主要针对影视创作中灯光造型手段、媒介工具与实际拍摄环境在思维层面难以全方位展示，并结合真实拍摄环境的特殊性进行调整等动态因素的教学需求，让同学们在课堂教学环境与实践创作环境，创作观念建立到真实创作手段的应用之间，以虚拟平台进行链接。当创作实践观念认知角度有了切实可感的视觉载体，将实际创作行为开展的环境与虚拟平台中的"理想"环境进行对比，可以从中总结梳理适用于个体思维特征的创作技能与创作方法。如图7和图8所示。

图7　参考片虚拟复盘　　　　图8　完成广告作品截图

北京电影学院作为我国顶级影视专业院校，有着扎实的教学基础与完备的教学资源。在摄影专业进修班电影灯光造型创作课程中，针对不同场景中的灯光造型的作用，将课程设置在不同场景中布置灯光，设计调度。进行与现实创作流程一致的教学实践。利用CineTracer强大的场景地形编辑和

较为丰富的虚拟拍摄工具，可以将课堂实践内容进行数字化复原，对应创作实践中的造型方式、影像工业创作手段进行模拟。学生可以结合现实创作中的内容，从不同技术角度，通过创作认知途径，实施互动虚拟平台操作。巩固自身学习成果的同时，在视觉层面建构创作思维的反馈机制。如图9、图10所示。

图9　2020摄影系进修班教学创作现场

图10　针对拍摄现场在CineTracer中的复盘

图11　虚拟场景实时拍摄

新冠病毒感染的肺炎疫情期间，通过网络在西安美术学院开设电影创作的视觉化认知课程中，通过现有的创作表述可视化工具，借助网络平台，展开教学。利用虚拟仿真软件展示的直观性、高自由度视角等表述特点，就如何得到最终造型结果的创作观念进行思维认知角度的建构，结合真实电影创作制度与流程，融汇至以视觉作为载体的艺术创作思维（图11）。克服了远程教学中无法实施创作实践的场域限制，同时在特殊时期尝试了艺术创作教学可视化在教学表述代偿机制的探索。

4　结　语

技术带来行为和思维方式的转变不是一蹴而就的，往往随着其自身在所对应领域的问题，逐步在需求及表征层面演变为实际行为，在技术作用的现实层面形成范式。无形地作用于行为点滴，直至终成革新。艺术创作在虚拟仿真的功能性应用已日趋成熟，随着技术成本的进一步降低，虚拟空间造型元素准确性进一步提高，虚拟仿真技术手段在艺术专业的教学作用会更进一步完善，并形成相对应的语言表述体系，更进一步推进教学单位与行业衔接的时效性与准确性。

参考文献

［1］　黑格尔. 美学: 第一册［M］. 北京: 北京大学出版社, 2017: 7.

［2］ 国务院学科委员会第六届学科评议组.学位授予和人才培养一级学科简介［M］.北京:高等教育
出版社,2013:7-12.

［3］ 王静.高校艺术教育创新实践研究［J］.戏剧之家,2020:36.

［4］ 王蓓蓓.高校艺术教育的现状及发展［J］.视频研究与开发,2020:21.

［5］ 赵华森.对于教育而言,虚拟现实是"补丁"还是革命?［EB/OB］.［2017-07-11］http://www.zgms-bweb.com/Home/Index/detail/relaId/14772.

校园文化

如何加强高校学风建设研究

张国平　王　怀

沈阳化工大学

摘　要：在我国高校的建设与发展过程中，学风建设始终占据着重要地位。学风对学生未来的发展发挥重大的作用，也对高校的规划和建设产生深远的影响。目前，众多高校普遍出现学生主观能动性较低、教师队伍责任意识薄弱、社会大环境浮躁等一系列学风建设问题。本文通过对这一系列现象做出具体分析后，得出高校学风建设水平偏低的成因及影响，并对如何加强高校学风建设提出可行性建议，以期为各高校加强学风建设提供借鉴，从而为发展我国特色高等教育起到积极的促进作用。

关键词：高校；学风建设；学生发展；高等教育

引　言

所谓学风，主要是指学校全体师生员工在治学精神、态度以及方法上所体现的风格，也是全体师生智、情、意、行在思想、学习、日常生活等问题上的综合表现。学风凝聚着学校全体成员的意志与行动，并且对学生的未来发展发挥着重大作用，也对高校的规划和建设产生着不可估量的影响。

习近平总书记曾在全国思想政治工作会议上做出重要指示，提出要将立德树人作为思政工作的重中之重。在高校教学育人的过程中，应将立德树人作为总体目标，从而落实全程育人、全方位育人的大政方针，而学风建设作为高校建设发展的重要环节，更应把握准确方向，进而为我国高等教育事业的发展做出重要贡献[1]。

1　高校学风建设缺失的表象特征

1.1　学生主观能动性缺失

学生是高校学风建设工作中的主体。一名优秀的学生应具有较强的主观能动性，高校辅导员可通过观察学生面对生活的独立性、面对问题的选择性、面对事件的调控性、面对学术的创新创造性以及面临选择的自我意识性，判断学生是否具有较强的主观能动性。从学生层面来看，学习知识占据着学生在高校生活中的主要时间，但是目前部分学生对学习抱有冷淡的态度、对学习目标还未明确、学习方法低效、自控力差、不重视课堂学习和实践锻炼、难以适应大学生活，以至于出现旷课、挂科、沉迷网络等现象。部分学生不了解自己的能力、特长，对大学生生活无目标、无计划，这对其树立正确的"三观"起着消极的作用。还有部分学生的心理素质欠佳，这直接影响着自身的全面发展，例如不能很好地融入集体生活中、不能及时地释放负面情绪、存在较差的为人处世能力等。可以看出，目前在学生层面普遍存在主观能动性缺失的问题，这必将不利于高校的学风建设。

1.2 教师队伍责任功能缺失

教师在学风建设中起着引领作用。教师队伍应把全部身心放在引导学生学习和生活的正确规划上，然而现如今高校教师队伍不稳定，部分教师不认真从事教学工作，不关心学生状态，普遍存在着重视科研创作、轻视教学成果的现象，对学生的学习成绩不重视、对学生的课堂状态不要求，仅仅只当授课为一种任务，没有切实执行好这份责任，高校教授破坏学风建设和违背学术道德的问题也时有发生 [2]。可以看出，高校教师队伍的责任功能存在缺口，高校教师并未真正担起身为人师的责任，这也在很大程度上影响了高校的学风建设进程。

1.3 社会大环境浮躁

在当今网络飞速发展的大环境中，部分年轻人较为浮躁，易被社交媒体上的不良声音影响，出现盲目追捧、跟风等现象。并且随着社会进步，当今社会的物质条件越来越丰富，学生过于追求物质条件的满足，忽略了精神世界的富足，不能将注意力放到学习主业上来。这些外部因素影响着大学生的学习和生活，给高校的学风建设造成了一定困难。

2 高校学风建设缺失的主要成因及影响

2.1 学校内部因素

2.1.1 管理制度不够完善

高校应对学生进行德智体美劳的全方面管理，然而目前高校中德智体美劳全面相结合的管理制度少之又少，由此造成了管理制度不够完善的现象，从而影响了学风建设工作的开展。现阶段的高校管理中，存在对管理制度落实不全面、不认真的情况，具体表现为未能将不同的同学进行区别管理、未能针对不同的同学制订不同的管理计划和教学任务、未能实现全时段且全方位的针对性管理。在学生上课期间未能及时考察学生的上课情况，在学生课余时间未能及时关注学生的动态信息，诸如此类的现象体现了学校的管理制度不够完善的缺陷，严重地阻碍了学风建设工作的开展。

2.1.2 缺乏良好的教风

高校在教师团队体系的培养中，只注重科研成果，忽视了教学的重要性。教师因缺乏与学生紧密的联系、缺乏对学生管理的热情、缺乏对课堂秩序的重视程度及批评教育力度、缺乏良好的教风 [3]，导致学生不注重学习，课堂秩序混乱。另外，部分教师的教学内容只是浮于课本，枯燥无味，缺乏个人创新和创造性，导致学生的求学积极性不高。这些现象充分说明部分教师缺乏爱岗敬业的精神，因而也无法培养学生的创造能力，同时也对高校的学风建设工作产生消极影响。

2.1.3 对学生思想素质教育的关注度较低

在社会价值取向多元化的时代，物质生活的不断丰富导致部分大学生更加重视物质，从而在道德行为方面表现出更多的实用主义倾向。而高校想大力开展学风建设工作，就不能忽视对学生的思想教育工作。目前，一些高校只严格要求学生的学习成绩，而对思想教育工作较为忽视，在课程设置上缺乏思想教育的科目，没有设立专门的部门定期调查学生的思想素质情况，也未采取有效措施去管理学生，帮助、引导大学生明确人生规划和目标[4]。由此可以看出，高校对学生思想素质教育的关注度较低，这必然不利于高校学风建设工作的开展。

2.2　家庭因素

"家庭是人生的第一个课堂"曾被作为教育学生的经典语句，该句由习总书记提出，表明家庭环境对学生健康发展具有重要意义。不仅如此，常被人们提起的"天下之本在家"也可以体现出家庭对学生发展的重要性。因此，一名学生未来发展的好坏程度，在一定程度上取决于家庭环境是否健康、家长教育是否全面。

2.2.1　家庭未给予正确引导

一个好的家庭可以培养出一名优秀的学生，而如果父母或者其他长辈不能对学生进行正确的引导，则会导致学生思维扭曲，不利于学生的成长成才。一些父母可能受限于自身的受教育程度，缺乏教导孩子不断学习、不断进步的思想意识。部分家庭结构复杂、家庭氛围不佳，学生从小在这种环境中耳濡目染，便会造成思想意识的扭曲。一些家长视孩子为掌上明珠，过分溺爱且未能对孩子进行良好的引导和教育，从而导致孩子产生违背优良学风的品质。可以看出，如果家长未能对孩子进行全方面的教育，便会使学生的自制力和认知力不够成熟，并且无法树立正确的人生观和价值观，进而在学校做出违规违纪的事情，对高校开展学风建设工作起到阻碍的作用。

2.2.2　生活、教育条件的不足

客观来讲，家庭的生活环境和教育条件会对学生产生很重要的影响。部分家庭依靠劳动获取生活资源，由于经济水平有限，学生没有精力和时间投入学习，甚至平时也处于无人管理督促学习的状态。部分家庭中父母的文化修养或自身素质不够，父母认识不到学习的重要性，更加无意识提供良好的生活条件和教育条件，进而导致其子女也忽视了学习的重要性，使学生满足于目前的教育现状，出现课堂不认真听讲、课后不认真复习的情况，给高校的学风建设造成阻碍。

2.3　学生自身因素

2.3.1　学习动机不够明确

目前，高校大学生中普遍存在着缺乏学习动机的现象。经历过较为紧张的高中学习，进入大学之后，大学生只顾娱乐玩耍，不为自己制定明确的学习目标。在高校的日常教学中，大学生特别是低年级的大学生上课时精神不集中、心不在焉，对课后作业的拖延、抄袭甚至是选择放弃的问题层出不穷，学习没有规划、学习较为被动、态度较为消极，早退、旷课等一系列现象也时常发生。究其根源，在于高校大学生的学习动机不够明确，缺乏内在驱动力，使其不能制订合理完善的学习计划，拖延完成任务，惰性较强，进而严重影响了学校的学风建设。

2.3.2　学习方式较为机械

缺乏思考是高校大学生普遍的特性，大学生只是一味机械地听从老师的授课内容，不能很好地培养、锻炼自己独立思考问题的能力。同时大学生也存在不喜爱创新的问题，在遇到困难时不能及

时解决，更有甚者选择直接放弃。高校大学生在日常学习过程中，习惯性死记硬背，不善于思考，容易造成思路变窄，思维僵化等现象也比比皆是。可以看出，大学生的学习方式较为机械，进而导致其学习吃力，打消学习的积极性，进而对学校的学风建设产生消极影响。

2.3.3 学习效率整体偏低

目前，大学生普遍存在缺乏明确的学习目标、不善于合理分配学习时间、学习时注意力不集中等问题，进而造成学习效率整体偏低的现状。同时大学生不能主动学习，常常靠考试前突击复习来完成学习，从而导致学习不扎实、一知半解，没有深入研究，故而在平常缺乏探索求知的学术氛围，进而不利于高校的学风建设。

2.4 社会外部因素

高校处在较为复杂的社会大环境中，社会外部环境的变化直接或间接地影响着高校内部环境的变化。与此同时，社会上的一些变化也会潜移默化地渗透进大学校园。随着我国经济的不断发展，人民生活水平也逐渐提高，高校师生的生活和发展有了良好的外部环境条件，但同时也给高校的学风建设带来一些困难。主要表现在高校师生过分追求物质的满足，忽略精神世界的富足，在教学和学习过程中常常流于表面，缺乏务实精神。在这样的背景之下，我国的教育模式也发生一系列的变化，具体表现为一部分民办高校只追求利益最大化，频繁扩招，导致学生数量迅速增长，而学校没有能力对所有学生进行系统管理，致使学校硬件设备和文化软实力都难以得到提升，这都在很大程度上影响着学校的学风建设。

3 加强和改进高校学风建设的措施

3.1 完善学风体制建设

高校在学风建设时应该建立完整的管理制度体系[5]。学校应设置专门的学风建设部门，从学生、教师两个层面入手，建立监督制度，从而使双方互相监督、互相制约。教师可以对学生进行专业的学术指导，督促日常生活学习，密切关注学生动向。学生也可以监督教师的授课态度、授课方式及专业程度。在互相监督的同时，促进教师与学生的紧密联系，共同进步。另外，学校要想更好地开展学风建设工作，应完善校规校纪，让学生在学校安心学习，并就学生出现的不良行为明确其违反的校规校纪，并相应地进行惩戒。同时也要加强宣传，提出一些新举措，增强在学生中的影响力。只有规范学生的行为，进行合理的思想引导，才能长期性地维护学校的权威性，使学风建设得以持续性发展。

3.2 构建"三位一体"的教育体系

辅导员作为学风建设的主力军，起到加强学校、家庭和社会三方之间联系的桥梁与纽带作用。在日常管理中，学校应大力完善辅导员与任课教师的合作制度[6]，要求辅导员能够经常走进学生宿舍，同时也要提倡辅导员与学生家长紧密联系。同时，高校应认真执行高校辅导员工作细则：与学生一起听课、与学生交流、与任课教师沟通、实时了解学生的学习成绩等。另外，在日常生活中，学校应及时掌握学生的生活情况，因人而异采取相应的措施，帮助学生养成良好的学习习惯的同时，也要对自控力相对较差的同学进行重点监督。并且为了避免出现与家长的信息不对称现象，辅导员应随时和学生家长沟通，及时向家长反映学生在一段时期内的表现。辅导员还可以定期组织高校学生参加讲座、户外活动等一系列活动[7]，从而促进学生的心理健康，更好地促进师生关系和谐发展。因此，要想引导学生在未来正确地走向社会并且能够健康茁壮地成长，加强高校的学风建设，就应全面贯彻落实校、家、社会"三位一体"的教育体系。

3.3　激发学生学习主观能动性

高校教师应适应当代学生需求，以学生本身固有的能动性特点为基础，对教学内容进行调整。根据学生兴趣，不断钻研和调整授课内容、更新知识、掌握新技术，使自己的授课内容变得丰富有趣，更加具有吸引力，引起学生的学习兴趣和求知欲望。另外，各高校应大规模开展学生思想教育方面的工作，不断为全体同学树立正确的思想。各高校可以定期开展讲座、班会或一系列趣味性活动，使青年学生逐步意识到学习的重要性，不断丰富其个人发展所需的技能，进而对中华民族伟大复兴起到推动作用。高校需要积极鼓励学生，对学生学习成绩和态度的肯定能有效地激励学生的积极性和上进心，在学校和教师的不断鼓励与帮助下，学生会变得更加自信、更加积极，也能获得更多的成就感，进而为高校的学风建设创造一定的求知氛围，进而助力学风建设工作的开展。

3.4　日常管理中落实学风建设

3.4.1　严格考勤制度

考勤是抓好学生工作、落实学风建设的基础任务。高校应落实完善的考勤制度，全方位、全时间段监督，建立从班级到学院再到学校的三级考勤制度，课前做好签到、课上做好提问、课下做好反馈。严格追查学生旷课、早退等不良现象。对请假、批假等问题也要上交相关材料，严格审批请假手续。

3.4.2　规范课堂相关纪律

当代大学生普遍受网络影响严重，应提倡不将手机带入课堂，这将从根源上铲除影响大学生听课效率的不良因素，使高校大学生提高听课质量、端正学习态度。同时还应对大学生上课不带教材、睡觉等行为进行监督，对学生上课所带教材进行检查。课上进行小组讨论、学生提问等教师与学生互动环节，也有利于学生把注意力转移到课堂上。上述措施将有助于改变高校的课堂氛围，进而有助于创设良好的学风环境。

3.4.3　督促学生完成课后作业

高校教师在布置大量课后作业的同时，也应该对学生的完成情况进行检查。课下作业不仅是对课上老师讲课内容的补充，也是对学习内容的一种延伸和巩固。教师可以通过班级干部监督学生的作业完成情况，对不完成作业的学生采取批评、履行扣分等相应举措，将课后作业列为考察最终成绩的一项，将更好地督促学生高质量地完成课后作业，在一定程度上提升学生课后学习的动力，进而打造良好的学风。

3.4.4 严格考试纪律

作为高校大学生，遵守考风考纪是基本准则。高校应引导学生自主遵循，而不是通过一系列措施强制学生遵守；高校也应教导学生诚信、公平、公正地参加考试；与此同时，高校也应严厉打击违纪行为，对替考、抄袭、作弊等行为绝不姑息。因此，高校需要建立优良的考场环境，对有扰乱考场秩序、未经教师允许擅自离开考场的行为严格进行控制，对违反考试纪律的行为应采取相关校规监督，督促学生平时认真学习，不在考试过程中投机取巧。通过严格考试纪律，将有助于提升高校的学校风气，进而有助于学风建设工作的开展。

3.4.5 以实践平台促进学风

毛主席曾说，"实践是检验真理的唯一标准"。现如今，学生普遍出现不能将理论转化为实践的状况，因此为了让学生更好地学以致用，高校需要为学生提供实践平台，引导学生如何将理论转化为实践，做到理论与实际相结合，从而获得更好的发展。高校可以定期组织学生外出参加社团活动、参加科研讲座、进行公益服务等，让学生通过这些活动丰富自己的眼界，感受服务社会，增加人生阅历，进而产生学习兴趣，这将有利于提升学生的综合素质，帮助学生培养其良好的人际关系，同时也有利于提升学生的合作能力。另外，高校还可以举办一些大型比赛，通过奖励机制激励学生的自我创新意识，使其在比赛前学习一些理论知识，再通过比赛平台进行应用，并将学生在比赛中的优异成果通过网络平台展示出来，方便全校学生学习，促进学生之间积极进取，收获满足感与成就感。因此，通过实践平台可以提升学生学习的积极性，进而促进高校的学风建设工作更好地开展。

4 结 论

高校加强学风建设，应积极寻找阻碍这一工作进度的因素。本文通过对学校内部因素、家庭因素、学生自身因素以及社会外部因素的分析，准确寻找出影响高校学风建设的问题所在，并提出完善学风体制建设、构建"三位一体"的教育体系、激发学生学习主观能动性、日常管理中落实学风建设等措施，以此推动高校学风建设的稳步开展。

参考文献

[1] 管兆勇.怎样学、为谁学：高校学风建设的主题[N].光明日报,2018-09-04(13).

[2] 杨建华,陈新新.社会主义核心价值观与师德、学风建设的重要关系研究：评《社会主义核心价值观与师德、学风建设研究》[J].中国测试,2019,45(10):174.

[3] 王志娟.高校校园文化与学风建设中存在的问题及改革发展：评《好教风好学风好校风》[J].林产工业,2020,57(6):125.

[4] 窦雅琴.论高校生涯教育与学风建设的有效互动[J].学校党建与思想教育,2020(16):83-85.

[5] 王少琨.当前高校学风建设路径探析[J].湖北开放职业学院学报,2019,32(16):66-67.

[6] 褚奇.高校辅导员开展学风建设工作模式探析[J].大学,2021(52):52-54.

[7] 仝友鹏.从辅导员视角浅析高校学风建设存在的问题[J].现代交际,2021(23):66-68.

论大学生思想政治教育环境的优化

李　特　苑少千

沈阳化工大学

摘　要： 高校思想政治教育环境对大学生思想品德的形成和发展产生重要影响。我国正处于社会转型时期，思想政治教育环境建设取得了一定成就，但与此同时也面临挑战。为了提高思想政治教育的实效性，促进大学生成长成才，思想政治教育环境的优化势在必行。优化环境，要充分利用思想政治教育环境中的有利因素，并将不利因素转化为有利因素。宏观调控优化社会环境，加强媒体管理，优化网络环境，建设现代化的家庭环境，营造良好的育人环境，从而达到思想政治教育的目的。思想政治教育环境的优化是一个永无止境的过程，必须直面挑战，培养社会主义现代化建设所需要的人才。

关键词： 大学生思想政治教育；教育环境；优化

引　言

思想政治教育环境不是一个简单的系统。大学生思想政治教育在环境建设取得成就时，也出现了一些问题，我们必须要使用各种方法进行优化，使之适合大学生思想品德的养成。学校教育的影响对学生来说最为重要，要重点培育大学生的思想品德。学校是思想政治教育任务的主要承担者。学生在进入大学阶段学习后，无论是在思想上还是在行为上，都要受到学校环境的直接影响。即便大学毕业进入社会，要求个体根据环境的变化重新投入学习，每个个体的学习能力也是在学校学习中获得的。家庭教育是学校教育的补充，大学生大部分时间在学校中度过，所以要家长给予孩子更多的关心，发现任何问题要及时与学校进行必要的沟通。大学生在参与社会化的实践过程中，因自身抵抗力、自制力不足会受到各种社会环境的影响。最后，要将学校、家庭、社会这三者有机结合起来，形成思想政治教育合力。打破传统观念中认为学生的教育只是学校的基本任务，家长、社会都应积极承担相应的责任，明确各自所要承担的必要责任，各个要素之间有效合理配置。

1　大学生思想政治教育环境的内容及其影响

1.1　大学生思想政治教育环境的内容

大学生思想政治教育环境，是由宏观方面和微观方面各要素组合而成的。大学生思想品德会受其环境的直接影响或是间接影响。只有准确地理解不同环境的影响，才能根据变化，采取措施，优化环境。

基金项目：辽宁省教育厅2021年度科学研究经费项目（项目号：LJKR0177）的阶段性成果。

1.2 大学生思想政治教育环境的影响

社会环境是人们得以生活的重要外部条件，影响着人的思想品德。[1] 社会环境直接深刻地影响着大学生，因为他们还没有养成较为完善的思维观念，同时三观正在养成之中。[2] 大学生思想政治教育的宏观环境是指对思想政治教育总体活动和大学生发生影响的因素，包含经济环境、政治环境、社会文化环境、传媒环境；而微观环境指的是对其产生直接影响的具体环境因素，本文中则指家庭环境以及学校环境。[3]

1.2.1 宏观环境及其影响

（1）经济环境及其影响。

经济环境，指影响中心事物的经济制度与物质生活条件。我国的经济制度建立在生产资料公有制的基础上，所有的劳动人民占有并运用生产资料来生产东西，根据成员的付出得到回报。[4] 59 这种经济制度为我国思想政治教育提供了物质生活条件，受教育者的经济生活条件对其思想品德的养成有着非间接性的影响。

（2）政治环境及其影响。

政治环境指以受教育者为中心的政治制度及社会政治状况。我国是人民当家做主的国家，一切权力来源于人民，这有利于培养受教育者形成较强的责任感。社会状况，更是直接影响人的价值观，对活动的开展有着制约性的作用。我国目前的政治现状对其产生复杂的影响。

（3）社会文化环境及其影响。

文化环境指人类创造的、影响人们思想品德的社会精神财富。社会文化具有感染力，悄无声息地影响着人的思想观念以及行为表现。良好的社会文化氛围对活动起到润物细无声的作用，但在我国文化不断发展的过程中也出现了一些问题，对受教育者产生了消极的影响。

（4）舆论环境及其影响。

传媒环境是指由书籍、电视、网络等形式传播的信息构成的环境。但因为传媒人员根据自己的意愿经过加工合成的资源，不具有客观性，所以传媒环境会产生复杂的影响。随着科技日益发展，计算机网络普遍应用，互联网迅速普及，其自由性、开放性、海量性的特点对思想政治教育对象的生活习惯、学习方法、交往方式、思想观念都具有广泛而又复杂的影响。[4] 60

1.2.2 微观环境及其影响

（1）家庭环境及其影响。

家庭环境指影响家人的思想品德的各个家庭要素。家庭环境会对人的思想品德产生极大的影响。人的一辈子都生活在家中，它的影响具有长久性。孩子会不知不觉受到其家庭成员的影响，良好的影响会成为其成长过程中的垫脚石，对人产生基础性的影响。

（2）学校环境及其影响。

学校环境主要是通过教学活动、教师资源、设施建设等方面来影响学生的思想道德。学校环境包含硬件设施和文化氛围。大学生在校园里不仅仅是为了学习知识而学习，更主要的是通过教育教学活动来提高其自身的素养，使其具有适应社会的能力。学校环境对学生思维模式和行为能力产生周全性、导向性的作用。[5]

2 大学生思想政治教育环境现状分析

20世纪70年代以来，我国在思想政治教育环境的建设上一直没有停歇。尽管在环境建设的过程中取得了伟大的成就，但就整体而言，教育活动对大学生的价值取向、行为方式等方面的启发引导作用有得提高应有的作用，思想政治教育环境建设也面临着挑战，出现了令人担忧的状况。

2.1 大学生思想政治教育环境建设取得的成就

近年来，我国发生了翻天覆地的变化，市场经济不断发展，经济发展为思想政治教育奠定了物质基础。文化更加繁荣，越来越丰富的社会文化对思想政治教育的影响也更明显。社会主义政治更加民主，对思想政治教育的影响更为直接。校园的硬件设施得到了改善，为大学生提供了更好的学习与生活条件。现阶段高校的实验室设备更加完善、食堂饭菜的质量有所提高、宿舍环境也更敞亮，这样的生活环境更有利于提高学生学习的积极性。

2.2 大学生思想政治教育环境面临的挑战

尽管思想政治教育环境建设取得了一些成就，但也存在一些问题，这些问题的存在阻碍了思想政治教育环境的建设，不利于教育活动的开展。

2.2.1 宏观环境存在的问题

（1）现阶段改革进入了攻坚期和深水区，在经济运转过程中还存在一些问题，如市场秩序不规范合理，在追求获取最大利益时采取不正当的手段，以损人利己的方式获取利益，强化利己主义。现在部分大学生在学校里与人交往的原则发生改变，究其原因是受市场经济的功利主义的影响，本着谁对自己有好处的原则与人交往。我国贫富差距大，这致使部分人采取极端的措施来报复社会，使社会处于不安稳的状态。大学生容易受高消费和攀比消费的影响，多数的贫困生有一定的自卑心理，不愿与人交流，在思想上容易孤独，行为上容易盲从，假如不加以正确的引导，则会滋长拜金主义、享乐主义。

（2）现实政治生活中制度不完善，有的地方腐败现象严重、个别公民的思想道德滑坡、犯罪现象增多等问题严重地阻碍了政治环境的建设，对大学生产生负面的影响。

（3）随着经济的发展，各国人员交流愈来愈紧密，人们的思想观念、价值观念受到西方各种思潮的影响，正在发生着改变。在外来文化的冲击下，人们难以在众多文化中做出正确的选择，从而使享乐主义、个人主义观念日益显现出来。大学生的三观正处于完善时期，如果不能够正确对待外来文化，崇洋媚外，如学生喜欢过西方国家的万圣节、圣诞节等，却忘记了中国传统的节日，这些作为西方文化的成果正逐步吞噬我们自己本民族的文化，不利于民族文化的传承，不利于学生养成良好的思想品德。

2.2.2 微观环境存在的问题

（1）家庭是个人成长的摇篮，家庭环境显得尤为重要。目前家庭环境还存在着许多的问题。如在高考改变命运的时代，父母只重视孩子的成绩，认为好学生的标准是取得好成绩，忽视了锻炼孩子其他方面的能力，结果导致部分学生高分低能。有些父母只关注孩子的智育，不关心他们的德育，结果导致大学生思想道德素质下降。再如，有些家庭氛围不民主，家里的大事不让孩子参与，孩子提的建议往往不予以采纳，所有的事情都由父母决定，使孩子决断力较弱，这样的孩子进入大学，如若没有正确的引导，则易随大流，没有自己的主见。还有一些家长自身素质较差，在孩子面前行为粗俗，遇到挫折怨天尤人、不思进取等，给孩子带来负面影响，这些都不利于思想政治教育环境的建设。

（2）高校肩负培养各种人才的重任，培养他们能够将所学的知识运用到实践中去，能够理论联系实际，为社会主义现代化尽一己之力。但在办学的过程中忽视了大学教育自身的价值，办学的宗旨也不明确。市场经济对高等学校的负面影响也越来越明显，如盲目地追求科研资金，追求学校的功利性的价值，无视学生自己的人生观和价值观。高等学府缺乏宣传思想政治教育的工作，使许多部分高校和受教者都在很大程度上无视甚至反感。政治课教师缺乏，学生对这些课不感兴趣，且觉得相关的知识可学可不学。还有部分学校不注重校园文化的建设。以上现象均有害于大学生思想品德的发展。

3 大学生思想政治教育环境优化的有效途径

人创造环境，同样，环境也创造人。一方面，环境是客观现实，从各个角度来影响大家；另一方面，人在环境面前并不是无能的，人主观通过社会实践来使环境适应自身的成长。[6] 环境并不是一个简单的系统，而是由各种因素之间紧密结合的。如果没有思想政治教育环境理论的指导，思想政治教育环境的现实状况会不理想且容易出现问题，从而直接减弱思想政治教育的影响力，打击思想政治教育的效果。[7]

学生进入大学就相当于进入了半个社会，在大学里接受的教育至关重要，所以必须对大学生思想政治教育环境进行优化，使其尽可能地适应学生发展的需要。优化环境，就是针对各种环境因素，大幅度运用且利用其良好因素的作用，压制其不好的因素并将消极因素转化为积极因素，建设大学生思想政治教育环境优化的有效制度，使客观环境促进思想政治教育活动的展开。[8] 特别是在互联网的时代，既要做到适应大众传媒环境带来的变化，又要主动采取措施优化环境，这有助于提高受教育者的思想品德水平，有助于提高思想政治教育的实效性。

3.1 宏观调控优化社会环境

社会环境是人类所创造的产物。社会环境涉及的范围广，覆盖领域全面，从社会生活的各个方面影响大学生。社会环境的不可控性要求国家须用法律法规宏观调控优化社会环境。

要进行社会环境的优化就必须深化分配制度，兼顾公平分配，调节收入差距，制定扶贫政策，建立健全道德体系，使市场经济向健康的方向发展。

政治环境对大学生思想品德的影响最为突出，因此要营造一个廉洁民主的政治环境，就必须建设一个社会主义法治国家；必须保障人民当家做主的民主权利，保障国家的权力始终能为人民谋取利益，必须采取各种措施加大反腐力度，遏制腐败的蔓延，必须坚持党风廉政建设，推动党员干部修身立德，对人民群众起到表率的作用，形成良好的社会风气。[9]

3.2 加强网络管理，优化传播环境

现代新媒体对大学生思想品德的作用不断变大。步入互联网时代，网络越来越成为人们生活中

的一部分。所以必须要通过加强网络管理来优化大众传媒环境。

3.2.1 优化网络环境

首先，要制定相关的法律条文。引导大学生的网络行为，对网络犯罪分子给以严厉的惩罚。其次，健全网络监管，加强网络监督。因网络信息内容主要是由传播者决定的，所以要监督网络信息。应及时处理不健康信息，防止不健康的信息肆意流传。对屡禁不止传播有害信息的，必须进行严厉处罚。再次，要建设红色网站，开辟新阵地影响受教者。教育工作者应在新阵地上传播红色理论，使学生受到其不知不觉的感染。提高莘莘学子的思想文化素质，使网络成为思想教育的重要方式。[10]例如，可以建立具有多功能的网站，大学生在浏览网站信息的同时也能受到政治文化的熏陶。

3.2.2 加强大众传媒的管理

现代的大众传媒受市场经济的负面影响，其商业性日益显现出来。为了提高收视率和发行量，许多媒体采取特殊的手段吸引观众，向人们传播没有营养的信息。因此，要制定相关的法律法规，对违禁书籍要加强管理。同时加强对媒体人员的培养，对他们进行思想政治教育，使其为人们提供积极向上的信息。要加强舆论导向的建设，加大社会主义先进文化的影响力度，力求把具有时代性、创造性的精神文化产品奉献给社会。

3.3 家长要提高自身素质

人类早期的思想教育来源于家庭，父母是孩子的启蒙老师。[11] 首先，监护人应该加强自身的素质。要提高自己的思想道德修养，为人和善，处事合理。要乐观向上，使自己成为孩子学习的典范。其次，家长要提高自身的科学文化素质。家长要给孩子解疑释惑，自己必须具备大量的知识。这样既有利于激发孩子的求知欲，还可以为孩子树立榜样。父母在家里要给孩子创造一个学习氛围。再次，父母要经常与孩子交流沟通，了解孩子的思想波动，引导孩子自己解决生活中遇到的问题。最后，要有民主的氛围，不要家长一言堂。父母要尊重孩子的意见，让其从小有决断力。

3.4 完善校园文化建设

著名的教育学家苏霍姆林斯基曾指出，教育过程中最微妙的领域之一，是可以用周围的环境、学生创造的周边情景以及一切文化成果来进行教育。[12] 93

3.4.1 加强校园物质文化建设

相比于教育的影响，学生更容易被校园生活环境所影响，因此为学生营造一个良好的校园生活环境尤为重要。首先，学生的一切都离不开环境，校园环境会对受教者的思想观念产生重要的影响。学校要搞好校园文化建设，既要有教学活动场所，又要有优美的校园风景，还要有文化特点的长廊。这样学生既可以享受美，又可以受到文化氛围的感染。其次，加强文化基础设施的建设。要开展活动，离不开先进齐备的基础设施，如图书馆、体育馆等。

3.4.2 加强校园精神文化建设

校风对大学生的影响是潜移默化的，要树立全员育人的意识，建设良好的校风，强化思想政治教育的效果。采取理论结合实际的方法，使理论教育不仅是知识的传授，而且更易于吸引学生参与。如组织形式多样的活动，将理论知识运用到实际生活中。这样使受教育者不停地丰富、充实自己。通过开展文化交流活动，如学术讲座，使大学生在学习中成长，培养他们应用知识的能力。这有利于大学生养成乐观的学习态度，有益于大学生形成健全的人格魅力。[12] 123

3.5　加强师德建设，优化工作环境

在大学里教师的影响力极其重要。教师的理论知识、道德修养以及言行举止等会对学生产生直接或间接的影响，并成为学生效仿的对象。所以必须提高教师的文化素养，使学生受到潜移默化的影响。

3.5.1　培养高素质的人才队伍

首先，要加强师德作风建设。教师要爱岗敬业，把自己的全部热情投入到教育中。教师要关爱学生，理解学生。教师要以身示范，不允许学生做的事情，自己坚决不做。其次，要提高教师的文化素养。老师要想向学生传授知识，必须自己具有丰富的知识。教师要加强知识学习，不断开阔视野。

3.5.2　加强思想政治教育的宣传工作

大学生不重视思想政治教育，加强宣传工作是关键所在。要加强高校宣传思想工作，必须明确高校的办学目标。随着中国特色社会主义现代化建设与发展，高校应该把立德树人作为办学目标。宣传思想工作必须要有专门的人才队伍，专职的思想政治理论教师必备的基本素质是必须要有远大的理想和纯正的信仰。[13] 专职教师必须要认真学习马克思主义的相关知识，如马克思主义的基本原理、中国化的马克思主义理论，要把马克思主义作为自己崇高的信仰追求，不断丰富和完善人类优秀的文化成果。[14] 高校要以加强理论学习来帮助专职教师树立崇高信仰，因此要健全理论学习机制，推进教师深入理论学习并展开学术研究。

4　结　论

总之，大学生的思想品德是在复杂的环境中形成的。良好的环境有利于思想政治教育活动的顺利开展。教育随着社会大环境的发展而变化，所以优化思想政治教育环境只有进行时没有完成时。在取得成就时总会伴随着问题的产生，首先必须适应社会环境的变化，其次主动采取措施对环境进行优化，将不利因素转化为有利因素，使之适合培养优秀人才。

参考文献

[1]　辞海编辑委员会.辞海[M].上海：上海辞书出版社,2003.
[2]　张耀灿,郑永廷,刘书林,等.现代思想政治教育学[M].北京：人民出版社,2001.
[3]　陆庆壬.思想政治教育学原理[M].北京：高等教育出版社,1991.
[4]　陈万柏,张耀灿.思想政治教育学原理[M].北京：高等教育出版社,2015.
[5]　罗长海.企业文化学[M].北京：中国人民大学出版社,2013.
[6]　马克思,恩格斯.马克思恩格斯选集[M].北京：人民出版社,1995.

［7］　陈成文.思想政治教育学研究［M］.长沙:湖南师范大学出版社,1998.

［8］　王叶林.高校思想政治教育环境的问题和对策研究［J］.内蒙古电大学刊,2012(5):73-75.

［9］　郭满芹,赵丽娜.论大学生思想政治教育环境的优化［J］.吉林师范大学学报(人文社会科学版),
2013,41(4):99-101.

［10］　张文华.论高校思想政治教育社会环境的优化［J］.教育理论与实践,2012,32(21):26-28.

［11］　凌青.大学生思想政治教育环境优化研究［D］.南京:南京财经大学,2012.

［12］　柏拉图.教育的艺术［M］.汕头:汕头大学出版社,2009.

［13］　范毅夫,董国松.试论高校思想政治教育环境的优化［J］.学校党建与思想教育,2016(10):21-23.

［14］　曲建武.思想政治理论课教师要有崇高的信仰追求［N］.光明日报,2014-12-02(13).

网络亚文化对高校德育工作的影响及对策研究

孙晓静　王良印　焦 韦

沈阳化工大学

摘　要： 随着信息技术的不断发展，我国已经进入网络亚文化盛行的时代。与此同时，网络亚文化的盛行对高校德育工作产生了重要的影响。我国高校特别鼓励开展德育工作，而德育工作一般以高校大学生为主体。因此，通过分析高校大学生受网络亚文化的积极和消极方面的影响，得出网络亚文化对高校德育工作产生哪些方面的影响，根据产生的影响制定一系列应对措施，从而推动高校德育工作的顺利开展。

关键词： 网络亚文化；高校；德育工作；影响

引　言

随着网络亚文化的不断发展，高校大学生所面临的积极和消极的网络亚文化颇多，网络亚文化对高校大学生以及高校的德育工作产生了重要的影响。通过采取问卷调查的方式来寻找网络亚文化对高校大学生产生的影响，从而寻找出相关对策。这有利于在网络亚文化盛行的背景下制定相关政策，应对高校德育工作的发展。

1　网络亚文化内涵及现状

1.1　网络亚文化内涵

网络亚文化是一种具有特殊性、时尚性和批判性等特点的网络文化。网络亚文化比传统的网络文化具有更强的渗透力和影响力，同时网络亚文化还具有独特的审美观和价值观[1]。网络亚文化对思想、社会经验还未成熟的高校大学生的日常生活以及思想道德方面产生重要的影响，并且在高校大学生中反响极大。

1.2　网络亚文化现状

在我国信息科技不发达时期，人们接受和学习的文化是经历了漫长的沉淀、历代学者不断创新归纳的传统文化，具有较高的文化底蕴和良好的价值观，而人们学习传统文化的方式大部分来源于书本或是教师、学者的传授。随着我国进入改革开放新时代，发展信息科技成为我国不断进步的重要举措，这为孕育网络亚文化奠定了良好的基础。网络的使用量也取决于物质生活水平，较好的物质水平极大地增加了网络的使用量[2]。为了调研网络亚文化的现状，我们进行了有针对性的问卷调查。本次问卷调查参与人数共585人，占某学院人数的72%，其中227人上网时间为2~4小时，187人上网时间为4~8小时。仅仅在学院内部每天使用网络的人数比例就如此之高，可以想象我国网络群体规模之大，这也为网络亚文化的传播提供了良好的载体（见图1）。

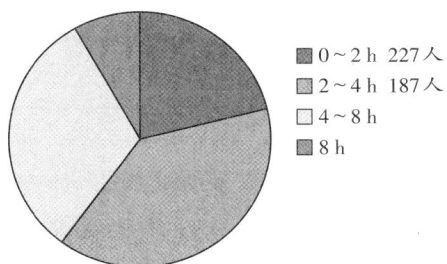

图例：
- 0~2 h 227人
- 2~4 h 187人
- 4~8 h
- 8 h

图1　学院内部学生正常情况下每天上网时间

网络亚文化大多反映了百姓的日常生活。广大网民可以通过网络对时事热点或是一些有关社会风气的事件进行阐述与评价，然而这一群体的文化素养参差不齐，对事件的评价也褒贬不一，且由于网络具有极快的传播速度，因此网络文化中的网络亚文化也随之快速传播。网络亚文化的形成还可归因于网络的自由性，人们可以将自己的行为、情绪、对问题的看法自由发挥出来而不受限制，因此也形成了积极和消极两方面的网络亚文化[3]。如果我们所接受的网络亚文化是积极的，则有利于人们身心健康的发展；如果属于消极方面的网络亚文化，那么对人们的影响将极其严重，一些人甚至会以劣为优，将消极的网络亚文化所宣扬的内容当作未来的发展目标，从而使得社会风气每况愈下。正是因为这些消极内容不受限制地传播，使得目前我国网络亚文化对高校大学生造成恶劣影响的现象频发，其中包括对高校大学生的思想价值、道德品质、生活行为以及消费观念等产生了巨大的影响。

2　网络亚文化对高校德育工作的影响

2.1　网络亚文化对学生的影响

在信息技术高速发展的新时代，手机和电脑是学生学习、交流必不可少的工具，因此高校大学生在接受网络亚文化的群体中占据极高比例，而网络亚文化对当代高校大学生也产生积极和消极方面的影响。

2.1.1　网络亚文化对高校大学生的日常学习有着重要的影响

高校大学生在日常学习中想要接触、学习一些先进文化，运用网络获取知识变得必不可少，这也是学习新知识的一种特殊渠道。随着网络的不断发展，越来越多的学者愿意将自己的文化作品分享到一些知名网站中，例如中国知网等知名网站，这便形成了网络亚文化生态圈。高校大学生可以从这些网站来选取与自己论题有关的文献，通过学习网络亚文化作品来丰富自己的文化知识、提高自身的文化水平，这对高校大学生的文化底蕴培养起着重要的积极作用。从图2可知，在对学院学生的问卷调查中，通过网络获取半数以下和半数以上的信息、知识的人占比共计97.26%。因此，在通过网络获取信息、知识占据较大规模的背景下，网络亚文化对高校大学生起着重要的影响作用。

2.1.2　网络亚文化有利于高校大学生更好地了解国家大事、增强爱国情感

随着网络亚文化的不断发展，越来越多的学者喜欢将党和国家推出的利民政策、我国经济发展趋势以及一些体现爱国主义精神的文章发布在网络上。高校大学生通过网络来汲取这些积极的、正

能量的网络亚文化，有利于当代高校大学生更好地了解关于党和国家的大事，有利于大学生对我国经济的发展情况分析更加准确，有利于当代高校大学生更好更及时地学习党的精神，对当代高校大学生热爱祖国、维护党的领导起着积极的作用。

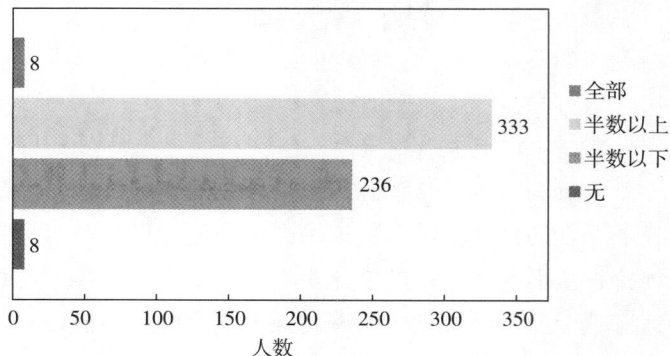

图2 学院学生通过网络获取信息、知识人数

2.1.3 网络亚文化对当代高校大学生的价值观念起着一些消极作用

在思想道德方面，目前网络亚文化对高校大学生的思想价值观念产生重要的影响。随着科技的不断发展，一些短视频软件应运而生，并且下载使用量极高。这些短视频中，不乏存在一些低俗、毁"三观"的内容。在接触这些视频时，个别大学生不能辨别是非，不仅不能把这类视频所展现的内容当作反面教材，反而将这类低俗、毁三观的视频作品当作一种乐趣且极力效仿，这严重影响了当代高校大学生的思想价值观念[4]。同时，目前也存在一些反党反社会、病态思想的群体将不良舆论或者违背道德的行为公布在网络上，例如自我主义、利己主义、见利忘义等不良品质。由于高校大学生刚刚从家长身边离开，家长不能很好地对自己孩子的行为举止起到监督与指引作用，因此高校大学生在思想道德品质还未成熟的阶段，容易被这类违背道德的行为吸引，而误入歧途。

在日常的生活观念方面，目前一些网络博主通过直播自己的生活来吸引流量，从而达到赚取利益的目的。而个别网络博主为了博取眼球，会展现一些违背社会公序良俗的内容，例如某网络博主宣扬低俗作品、鼓吹吸毒活动；某网络博主为了使得自己红遍网络，经常发布一些豪车出行、奢靡的物质生活的内容。这些不良的网络亚文化使得个别大学生忘却最初的理想，反而转变为以这些网络博主的生活作为目标。这类现象严重影响高校大学生的三观，影响大学生的身心健康以及对未来如何正确发展的理念。

在消费观念方面，随着网络亚文化的不断发展，一些人通过网络直播的方式销售物品，不仅打着低价的噱头，而且过度吹嘘商品的价值，"种草"一词随之产生。如果销售的物品质量符合我国标准，无疑会为高校大学生节约很多生活资金。而现实却相反，在网络上以低价销售的商品很多存在质量问题。如果高校大学生购买这样的产品，无疑对身体健康产生重要的影响。而且伴随着低价商品的不断涌入以及网络博主对商品的过度吹嘘，高校大学生容易产生过度购物的消费心理，从而严重加剧大学生的资金负担。如果大学生已经养成频繁购物的恶习，经常进行高价购物，长久以往便会造成资金短缺，更有甚者会选择校园贷等贷款软件来满足自己的购物欲望。由此可以看出，网络亚文化会对高校大学生的消费观念产生极大的影响。

2.2 网络亚文化对工作的影响

作为当代高校辅导员，我们所面对的不是以往的只局限于书本知识的学生了，而是拥有广阔视野的学生。因此，网络亚文化对高校辅导员开展德育、思政等方面的管理工作产生了积极和消极的影响。

2.2.1 有利于开展思想道德建设工作

随着网络亚文化的不断发展，高校大学生也积极投入到网络学习当中。在团中央、高校团委的带领下，高校大学生积极投入到学习党的时代精神、大政方针之中。从图3可知，绝大多数的同学对通过网络进行思想政治教育抱赞成的态度。采取网络亚文化的学习方式，有利于减轻高校辅导员的工作负担。一些网络流行语得益于网络亚文化的发展，例如"雨你无瓜"等源自当时社会的时事热点，体现了当时的时代特征。网络流行语具有较快的传播速度以及较强的感染力，因此被高校大学生所熟知。这些网络流行语可以很好地反映当时的经济、政治以及生态环境，如果高校辅导员能合理地利用这些网络流行语，将对开展思想道德建设工作起到积极的作用。

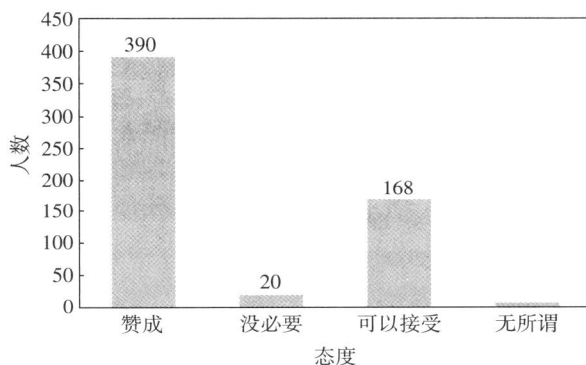

图3 学院学生对通过网络进行思想道德教育的态度图

2.2.2 有利于推进学生创新思维建设工作

创新思维建设一直是我国文化教育的重中之重，能否成为一名合格的大学生，创新思维能力则是考核标准之一，这也是诸多高校设立创新思维课程的原因。随着网络亚文化的不断发展，高校大学生所接触的世界较为丰富多彩，高校大学生的创新思维能力也有所提高，在进行创新思维建设工作时，高校大学生可以充分表达自己的所见所闻，这对于高校辅导员推进学生创新思维建设工作起到了极大的推动作用。

2.2.3 日常管理工作较为困难

随着网络亚文化的不断发展，高校大学生很容易被外面的花花世界所吸引。一些大学生出于好奇、贪玩等，常常会离开校园、夜不归宿，甚至荒废了学业。在消极网络亚文化的不断传播中，一些社会经验较少的学生不能做出正确的选择，容易误入歧途，并很有可能成为一些不法分子的犯罪目标。为了避免这些问题的发生，高校辅导员需经常查寝，实时掌握学生动态，积极做好学生日常管理工作。因此，网络亚文化所导致的这一系列问题对高校辅导员的日常管理工作起到了阻碍作用。

2.2.4　增加教育工作负担

在我国，每所大学都将学生的教育作为首要任务，因此学生成绩的好坏是评价一所大学教育工作成果的重要因素。一些学生因学业压力大、学习的知识难度高等一系列因素，产生了放弃学习的想法，由此网络上出现了"佛系青年""随缘"等一系列自暴自弃的网络用语。这些消极的网络亚文化被对学业抱有消极态度的同学大肆宣扬，导致一些大学生也加入到这个行列[5]。这对高校辅导员开展学生教育工作产生了极大的消极影响，需要高校辅导员针对这些"佛系青年"进行思想上的疏导和教育，从而加大了教育工作的负担。

3　针对网络亚文化对德育工作的影响所采取的对策

3.1　加强学生观念教育

网络亚文化的快速发展对高校大学生的思想道德、日常生活以及消费观念产生重要的影响，因此应加强学生的观念教育。

3.1.1　培养正确的思想道德品质

作为新时代大学生，应当树立积极向上、努力进取的思想观念。学院对学生开展了"关于网络对学生的思政方面影响的前景"的调查，从图4可知，61%的同学认为该影响是有利的，23%的同学认为利大于弊。因此高校可以通过传播优秀的网络亚文化，以此加强学生的思想价值观念教育，提高大学生辨别是非的能力，使其在面临抉择的时候能够做出正确的选择。高校辅导员应引导学生保持乐观的思想品质，使其在面对困难时以乐观的心态去战胜困难，而不是选择退缩或是放弃；应引导学生树立正确的思想道德观念，使其在面对低俗、有悖常理的网络亚文化时不被迷惑并积极抵制，汲取健康的网络亚文化。在面对有关思想道德品质方面的网络亚文化时，应引导学生积极汲取正确的道德理念，杜绝效仿违背道德的行为[6]。高校也应着重培养大学生在道德方面提升自律能力，以利于大学生在网络亚文化盛行的时代能够洁身自好，抵制不良道德行为入侵大学生纯洁的思想。高校也可以举办有关道德品质的活动，从而使学生在活动中了解优秀的道德文化，塑造良好的道德品质。

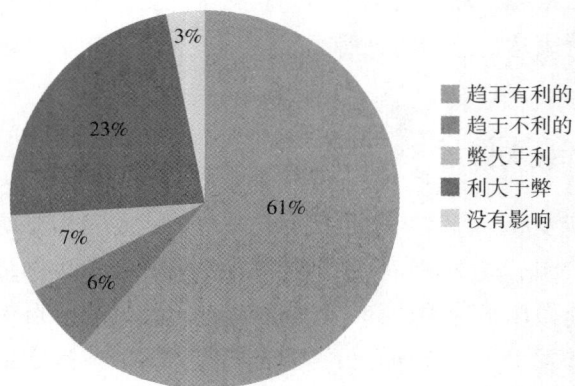

图4　网络对大学生的思政方面影响的前景图

3.1.2　树立正确的生活消费观念

面对五彩纷呈的世界，高校大学生在日常生活观念方面处于还未完全成熟的阶段，容易被不良的生活环境所感染，因此高校辅导员应倡导大学生树立正确的日常生活观念。高校辅导员可以通过聘请优秀校友或是请专家办讲座的方式，向同学传达如何面对生活、如何使自己的日常生活丰富多彩、如何将自己的日常生活塑造得积极正能量。高校辅导员也可以搜寻一些积极的、健康的、向上的网络亚文化供学生参考与观看，从而使学生把这些成功人士作为自己的榜样。与此同时，大多数高校大学生的生活费来自父母，因此高校辅导员应积极引导学生形成正确的消费观念，倡导学生勤俭节约、绿色消费。教育学生在面对一些不良的消费观念的网络亚文化时，应学会批判思考，不盲目消费，从而降低不良的网络亚文化对学生的侵袭。

3.2　塑造良好校园文化

校园文化能够体现一个校园的整体精神面貌，高校作为培养一代又一代优秀人才的重要场所，塑造良好的校园文化显得尤为重要。在网络亚文化盛行的时代，高校应积极利用互联网向学生弘扬红色爱国主义文化，传播社会主义核心价值观。高校还可以通过网络举办知识竞赛，将一些积极的网络亚文化作为竞赛内容，既能开阔学生的视野，又能指引学生如何正确地接受网络亚文化。高校也应大力发动学生干部群体，让学生干部群体积极引导学生树立正确的价值观，并且不定期举办心理大赛，对于存在问题的同学及时向教师反馈，帮助教师梳理同学的消极情绪。同时也应加大宣传力度，积极指引学生学习优秀的网络亚文化，摒弃不良的网络亚文化。因此，在网络亚文化将盛行的背景下，建设良好的校园文化对高校德育工作起到积极的推动作用。

参考文献

［1］　许宁,许芳珍,陈胜梅.网络亚文化对大学生的影响与对策［J］.改革与开放,2012(6):183-184.

［2］　张洪兵,刘冰.网络亚文化的现状及对大学生的影响研究［J］.时代金融,2020(11):139-140.

［3］　聂勇.网络亚文化影响下当代大学生思想政治教育优化路径探析［J］.河南工学院学报,2021,29(4):59-63.

［4］　连淑娇."网络亚文化"在高校思想政治教育工作中的影响与运用研究［J］.太原城市职业技术学院学报,2021(10):167-169.

［5］　王江海.网络亚文化背景下大学生思想政治教育的困境阐释［J］.高教论坛,2019(7):8-10.

［6］　王夫营,谭培文.网络亚文化对大学生核心价值观认同的阻隔及其超越之道［J］.理论导刊,2017(8):32-36.

经济管理

基于态度形成三阶段理论的
化工企业安全风险意识培育

谷卓越　吉广华　李金鑫

沈阳化工大学经济管理学院

摘　要： 相对于其他行业企业，化工企业生产中的安全风险更大。化工企业安全风险意识的培育和提升对于化工企业安全风险防控具有重要意义。针对我国化工企业安全风险意识状况，以凯尔曼的态度形成三阶段理论为基础，分析该理论在化工企业安全风险意识培育中的指导意义。化工企业可以依据依从、认同、内化三个不同阶段采取针对性措施，培育和提升企业员工安全风险意识。

关键词： 化工企业；安全风险意识；态度形成三阶段理论；培育措施

引　言

化工企业不同于其他行业企业，一旦发生安全事故，造成的经济损失以及对人们生命安全的威胁可能是巨大的。这种高危险性决定了化工企业员工必须具备较强的安全风险意识。大量事实和惨痛的经验教训提醒人们安全风险意识薄弱是很多化工安全事故的根源之一，化工企业安全风险意识的提升势在必行。凯尔曼的态度形成三阶段理论可以在化工企业安全风险意识培育方面提供一定的启示。

1　化工企业安全风险意识的含义

风险意识是人们对于风险所持有的观念和态度，包括人们对风险现象的理解、认知与把握[1]。风险意识既表现为人们对可能存在的各种风险的感觉和评估，也包括人们在预防风险和控制风险方面的态度及愿望。风险意识是存在层次差异的。较低层次的风险意识是对风险非系统化的一般性认识和把握，而较高层次的风险意识是对风险系统化的深层次理论认识和把握。较高层次的风险意识通常需要经过系统化学习和积累过程。一般情况下，提升风险意识是为了有效地识别风险，科学地评估风险可能产生的后果并防范风险。

化工企业安全风险是化工企业安全事故发生的可能性及其后果的组合。其中，安全事故是指由某些危险源引发的可能造成人员伤亡或财产损失的事件。所以，化工企业安全风险意识就是对化工企业安全事故的可能性及其后果的理解、认知与把握。化工企业的生产工艺、设备设施、人员作业、随意变更等方面都可能存在安全风险。因而，化工企业安全风险意识包含了对上述化工企业安全风险形成的全面态度。

化工企业安全风险意识培育的目的是使化工企业相关人员能够有效地识别生产活动中安全事故

可能发生的风险，科学地评估安全事故可能产生的后果，并建立积极有效的风险防范体系。

2 我国化工企业安全风险意识现状

化工行业具有高资本化、高污染性和高危险性等特征，因此，化工企业安全是不可忽视的问题。中国应急管理部危化监管司2020年发布的《2019年全国化工事故分析报告》显示，自2017年以来我国连续三年发生2起以上的重特大事故。2019年，虽然全国化工事故数量同比有所下降，但还是发生了3起重特大化工事故[2]。另据应急管理部网站发布的消息，2020年1至11月，我国共发生化工事故127起、死亡157人，虽然同比分别下降11.2%和37.9%，但是典型安全事故仍然暴露出一些地方和化工企业法治意识不强、安全发展理念滞后、安全基础薄弱、安全管理缺失等问题。因此，当前我国化工安全形势依旧严峻，化工安全风险防控任务仍然艰巨。

虽然化工企业的安全事故成因不尽相同，但很多事故都反映了企业安全风险意识不强的问题。一些化工企业的安全风险意识薄弱，导致了其思想和行动上的疏忽或故意，从而引发了安全事故，给社会和个人都带来了巨大的损害。比如，2020年2月11日，辽宁先达农业科学有限公司一车间内发生爆炸事故，共造成5人死亡、10人受伤，直接经济损失约1200万元。2020年4月30日，内蒙古华冶煤焦化有限公司一车间发生燃爆事故，造成4人死亡，直接经济损失843.7万元。2020年9月14日，甘肃张掖耀邦化工科技有限公司污水处理厂发生气体中毒事故，造成3人死亡，直接经济损失450万元。2020年11月17日，江西海洲医药化工有限公司发生一起爆炸事故，共造成3人死亡、5人受伤[3]。从一起起触目惊心的安全事故的表面原因来看，主要包括企业安全生产规章制度不健全、人员操作不规范、安全教育培训制度未落实、安全管理职责不清晰、隐患排查治理不彻底、设备组织检检修前未制定检检修方案、未办理特殊作业审批手续、未进行安全风险辨识、管控措施落实不到位、未严格落实变更管理制度、违法组织试生产等因素[4]。然而，如果挖掘这些事故背后所隐藏的深层次原因，就可以发现安全风险意识不足是其共性问题。所以，部分地方和化工企业管理者及一线员工的安全风险意识薄弱仍然是这些事故发生的主要根源之一。

3 态度形成的三阶段理论

社会心理学家凯尔曼在1958年通过典型案例分析提出态度形成的三阶段理论，也称为态度改变的三程序论。他认为，人对事物的态度可以分为三个阶段，即依从、认同和内化，这是一个态度由浅入深、由外在表现向内在质变所经历的过程[5]。

依从通常是由于人们感受到外在约束或迫于压力所采取的态度反应。它是一种非自愿的权宜性态度改变，所以，它往往具有表面性和暂时性。依从的目的是在外在表现上显示出与规范约束或他人一致的行为，因而其行为表现为被动地服从。因此，这一阶段的态度反应实质为一种表面状态，它是态度形成的第一阶段。

认同通常是由于个人的情感与他人或所处群体存在密切联系，从而自愿地接受群体内他人的某些观点、态度或行为方式。这种态度变化可能是出自群体融入的需要，出自一种依赖他人、追随他人或是渴望被认同的心理需求。认同与依从的根本区别在于其情感认同性和自愿接受性。这一阶段的态度变化伴随着情感因素的改变，对事物的态度不是简单的表面反应，而是在某些认知因素上有了一定程度的变化。而且，这一阶段的态度变化是自愿的，而非被迫的态度或行为反应，也就是说，在某种程度上或某些方面出现了态度的同化。这是态度形成的第二阶段，这一阶段是向第三阶段的态度内化转变的过渡阶段，但还没有完全同个人内心的价值体系相融合。

内化是人通过自觉认知，将新的观点和信念纳入到自己的价值体系之内，从而在价值观层面形成了深层次的信念，并用这种信念来评判自己的行为，使其真正成为自己的态度。这一阶段的态度变化是一种新价值观的形成，具有本质性，是态度形成中的最深层次，是一种根本性的态度转变。内化与依从和认同的最大区别是人的态度不再迫于外在压力或是依赖于与他人的关系，而是形成了一种独立的态度。由于这时形成的态度已是自身价值体系中的一部分，因此，内化的态度往往是最为坚定的，比较稳固，不太容易改变。这是态度真正形成的阶段。这一阶段的态度形成不仅体现为对事物的认知、理解及情感的转变，而且体现为一种在此基础上形成的自觉行为倾向，从而在实践中显示出行动支配作用。

要形成内化的态度，就不能仅仅停留在依从或认同的阶段。通常，态度的形成是一个长期性和持续性的过程。长时期的依从可能会导致态度的认同，长时期的认同也可能会导致态度的内化。当然，如果配合一定的引导和强化措施，态度形成的过程可能会加速，从依从到认同再到内化的变化过程可能会更顺利。

4 态度形成三阶段论对化工企业安全风险意识培育的指导意义

既然化工企业安全风险意识是对化工企业安全风险所持有的态度，那么按照凯尔曼的态度形成三阶段理论，化工企业安全风险意识的发展可以被分为三个阶段。

在化工企业安全风险意识发展的第一阶段里，化工企业人员对企业安全风险的态度处于依从状态。此时，企业员工在严格的安全规章制度约束或上级压力下，会在生产活动中选择遵守安全规章制度，在行动上服从上级领导，按照规定防控风险。但由于依从的态度并非出自内心自愿，所以，员工行为并非总是在企业理想的预期之内。比如，当企业监管人员监管松懈时，一线人员可能会选择违规操作。再比如，当政府监管部门对企业安全生产检查结束后，企业管理者可能就会不再对安全风险进行严格的日常排查和管控。因此，依从阶段的化工企业安全风险意识往往是表象的，企业管理者和员工或许并未真心接受风险管理规定。

在化工企业安全风险意识发展的第二阶段里，化工企业人员对企业安全风险的态度处于认同状态。此时，企业工作人员对化工安全风险的认知和理解有所提高，认同并自愿地接受企业对安全生产的某些规定，并按照规定来防范或管控风险。由于具有自愿性，因此，员工生产行为更容易管理，违规现象也会减少。但由于这时的安全风险意识仍没有完全变成员工自身价值观的一部分，所以，仍存在不确定性，积极性也不够强。比如，化工企业内的一些一线工人认为企业安全风险的相关规章制度制定和监控是管理者的工作，自己只要按照要求完成指定工作就可以了。再比如，企业内某一部门的管理者认为只要按照部门规定做好安全风险防范就可以了，其他部门的安全状况与本部门无关。因此，认同阶段的化工企业安全风险意识可能存在片面性或层次较低，风险意识对员工思想和行为的影响还不够深入。

在化工企业安全风险意识发展的第三阶段里，化工企业人员对企业安全风险的态度达到了内化的程度。此时，企业工作人员将化工安全风险防范意识纳入到自身价值体系之内，形成了一种坚定的安全风险防范信念，并自觉防控风险。这时，无论外部是否存在压力，也无论他人的态度如何，员工都会自然地遵守安全规章制度，并会积极认真地配合企业的安全管理。从企业层面看，此时的安全风险防控意识成为了企业的一种文化，管理者和员工会随时随地防控风险。因此，内化程度的化工企业安全风险意识是全面且深入员工内心的，是一种员工精神和自觉的行为倾向。

可见，化工企业安全风险意识在三个阶段里的发展水平是不一样的。化工企业相关监管人员可以依据这一理论，针对企业员工风险意识所处的阶段和水平，在不同阶段采取针对性的措施，有意识地、循序渐进地培育和提升员工的安全风险意识，加快员工安全风险意识内化，从而为化工企业安全生产奠定基础。

5 基于态度形成三阶段理论的化工企业安全风险意识培育措施

5.1 依从阶段的措施

在依从阶段，由于外在约束或压力对态度的影响很大，所以有人认为化工企业的规章制度和安全监管很重要。当然，这种措施可能有利于化工企业员工在安全风险防控方面形成一种习惯性行为，但在安全风险意识上或许不会有本质的提升。所以，这一阶段需要在加强约束的基础上，将完善监管与学习、说服、激励等手段相结合，争取企业员工从非自愿接受向自愿接受安全风险意识转变。第一，化工企业要为员工安全风险意识培育制订具体的培训与学习方案，有计划地对员工进行思想和行为指导。第二，对安全风险意识薄弱的管理者或一线员工可以进行单独约谈，以平等的立场进行沟通，积极引导，决不放弃。也可以由相关政府部门或化工行业协会等组织牵头，请化工事故的经历者以实例警示和劝诫企业员工吸取经验教训。第三，强化化工安全风险的相关激励机制。政府监管部门需要完善和落实化工企业激励机制，对企业安全风险负责人进行公开、公平、公正的奖惩，企业内部也需要建立和完善安全风险奖惩制度。比如，可以采用积分的方式建立安全风险意识和风险防控评比机制，对安全风险意识强的企业或个人加以物质及精神方面的鼓励。第四，建立全方位、全过程、全员性的化工安全风险监管体系。"三全管理"虽然耗时耗力，成本也较高，但化工企业安全问题事关重大，所有员工都需要全力参与到整个风险防控过程中。企业首先要制定全面的、翔实的安全生产规章制度和安全风险清单，做到有章可循，并结合实际对其及时进行动态调整。其次，建立持续性的、不留死角的动态风险排查制度，实施分部或车间之间、岗位之间的交叉监督检查。为防止监管不力的行为，要明确责任主体，强化责任制；企业分部或车间之间还可以建立评比制度，评比结果要配合相应的奖惩措施。

5.2 认同阶段的措施

在认同阶段，由于关系密切的群体对个人态度影响较大，即环境影响很重要，所以，这一阶段的措施需要努力提供更容易被员工认同的环境和方式。第一，设立企业安全风险防控的员工标杆，发挥标杆的带动效应和榜样作用。第二，定期开展员工集体学习，在企业内部或化工企业之间组织员工交流和交叉培训，使企业员工更全面和深入地认知化工企业安全风险，增强安全风险意识。第三，关注企业内非正式群体的安全风险意识倾向，重点加强此类小群体中关键人物的安全风险意识。第四，创新和丰富化工企业安全风险认知途径及手段。政府部门和化工企业管理者可以充分利用互联网等信息技术，加强化工安全风险宣传。比如，可以制作短视频宣传片发布到企业网站，也可以利用手机小程序等新媒体推送宣传教育资料或答题游戏。这种风险认知方式对企业的年轻员工会更具有吸引力，知识的获取也更方便和快捷，更容易被员工认同，而且这种随时随地的认知方式具有信息重复性，有利于强化员工对安全风险的认同感。

5.3 内化阶段的措施

在内化阶段，新的观念已经融入个人价值观，成为独立的态度，此时，政府相关部门和企业需要做的是强化和充分利用这种价值观。在这个阶段，化工企业不仅要巩固员工价值观中已形成的安全风险意识，而且要充分利用这种风险意识提高化工企业的安全风险防控能力。第一，努力创造企业层面的安全生产文化氛围。企业内部以及化工企业之间可以组织化工安全风险方面的知识竞赛、节目表演、演讲、汇报等多种形式的活动，在丰富企业文化生活和展示员工特长的同时，潜移默化地巩固和强化员工的安全风险意识。第二，鼓励员工参与企业安全风险管理，提倡全体员工在化工企业安全风险意识的培育、风险辨识与评估、风险防范与控制等方面建言献策，并对员工的建议及时进行反馈，肯定和采纳合理建议。对于员工在化工企业安全风险防控技术和手段方面的创新，企业和相关部门应尽可能提供可行的支持。第三，为安全风险防范表现优秀的员工提供更广阔的展示平台。荣誉感可以强化人们在某方面的价值观，因此，化工企业应鼓励员工在企业内部刊物以及公开出版的行业刊物上展示其安全风险方面的理念和创新成果，也可以借助网络、会议论坛等其他平台展示企业和员工在化工安全风险方面的态度和精神风貌。

6 结 论

综上所述，态度形成三阶段理论对化工企业安全风险意识培育具有指导意义。基于该理论的化工企业安全风险意识培育措施有助于企业安全风险意识由依从向认同再向内化转变，使安全风险意识成为企业员工价值观的一部分，从而为化工企业安全风险防控奠定基础，提高化工企业生产的安全性。

参考文献

[1] 庄友刚.风险范式与历史唯物主义的当代出场[J].山东社会科学,2008(5):11-16,21.

[2] 搜狐网.2019年全国化工事故分析报告[EB/OL].[2020-09-01].https://www.sohu.com/a/415897039_100022601.

[3] 中国新闻网.2020年1—11月全国共发生化工事故127起死亡157人[EB/OL].[2020-12-01].http://www.chinanews.com/gn/2020/12-08/9356951.shtml.

[4] 王晓刚.化工企业安全风险管理和隐患排查管理措施[J].建材与装饰,2018(30):155-156.

[5] 董庆兰.态度形成三阶段理论对高校思想政治教育的启示[J].改革与开放,2020,528(3):87-89.

大数据背景下基于WSR系统方法论的危化品物流安全体系优化研究

段丽妮　曹克让

沈阳化工大学

摘　要：危化品物流安全体系是一个复杂的社会系统，需要以科学的系统方法论为指导，来优化危化品物流安全体系。运用WSR科学的系统方法论，对危化品物流安全进行WSR建模，为危化品物流安全体系构建三维结构的分析模型；研究WSR的科学系统方法论的步骤，运用危化品物流安全体系自身特点，设计危化品物流的安全体系流程；并从物理、事理、人理三个方面提出危化品物流安全体系的优化措施。

关键词：WSR；危化品；物流安全；体系优化

引　言

辽宁是全国石化工业的发祥地，经过多年的创新改革，辽宁的石油化工产业已经形成了一定规模，成为辽宁重要的支柱产业，因此危化品物流安全逐渐成为行业研究的热点。近年来危化品物流安全事故频发，据相关部门统计，每年危化品的道路运输总量高达3亿多吨，因此加强危化品物流安全迫在眉睫。危化品物流安全体系具有一定的复杂性，采用WSR科学的系统方法论对危化品物流安全进行WSR建模。并依据危化品物流的特性，对危化品物流安全体系的物理因素、事理因素和人理因素进行分析，再根据科学的系统方法论进行优化[1]。

1　WSR系统方法论概述

中国系统工程专家顾基发和英国华裔专家朱志昌在中国科学家钱学森、徐国志及美国华裔专家李耀滋等人的工作成果基础上，于20世纪90年代中期提出了物理-事理-人理（简称WSR）系统方法论。

物理是自然客观现象存在的定律，包括物质运动的原理及表现方式，通常用到自然科学知识，主要解决研究问题中的"物"，它是真实存在的，只有真正了解研究的对象，才能对研究对象进行科学的系统分析；事理指人做事的方法，一般需要用系统科学、管理科学的专业知识去回答"怎样去

项目基金：辽宁省教育厅项目"危化品物流优化安全管控研究"（项目编号：LJ2020032）；辽宁省教育厅项目"大型建筑物火情监控预警与应急疏散调度研究"（项目编号：LQ2020020）；科技部国际合作司2020年度中韩青年科学家交流计划项目"A Case Study on the Application of Big Data Analysis in Industry and Public Institutions – China，Korea and OECDC"。

做"，因此系统工程工作者应该懂得运用管理科学、系统科学的专业知识，寻找最合理的方法分析研究对象；人理一般被用于人文知识、行为科学知识等人文社科知识去回答"应当如何"，合理确定预定目标[2]。WSR是一个有机的系统工程工作过程，由一个核心（协调工作）及"理解意图、调查分析、制定目标、构造策略、选择方案、实现构想"六个步骤构成。由于不同的人拥有的知识、价值观、认知、观点和利益各不相同，对同一问题、同一目标、同一方案往往持有不同的看法和感受，因此将WSR科学的系统工程方法论应用到危化品物流安全体系中进行创新研究。

2 WSR应用于危化品物流安全体系

2.1 危化品物流安全体系

从系统论的角度看，从危化品物流的仓储、运输、包装、配送、再加工等相关流程，以及危化品安全体系的法律法规、标准体系的建立，到成立监管组织，并进行监管创新、协同监管、全生命周期监管等具体行为，是一个有机的整体。需要注意的是，危化品物流大数据平台的安全防护体系需要数据的优化组合，这样做的目的是利用"大数据"技术将危化品物流各阶段的数据共享。危化品物流安全体系的危化品数据库、危化品物流风险评价数据库、应急预案数据库、相关法律法规和标准体系数据库需要经"大数据"相关技术处理后构建"危化品物流大数据平台"，"危化品物流大数据平台"需要"监管组织"的创新管控，以便最终实现"危化品物流服务全生命周期"的监管。危化品物流安全体系构成图如图1所示。

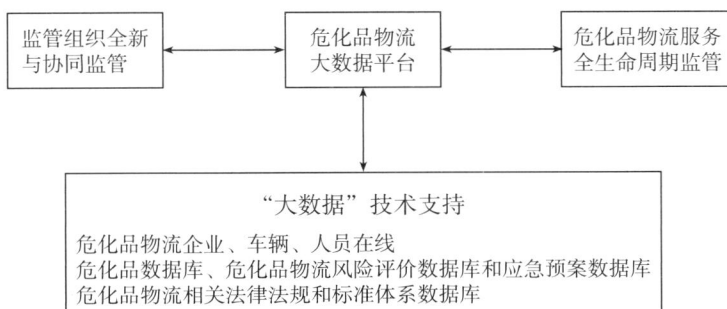

图1 危化品物流安全体系构成图

2.2 危化品物流安全体系的特点

2.2.1 构成要素的复杂性

大数据时代背景下的危化品物流安全体系的主体既包括政府相关主管部门，也包括危化品物流企业等非政府组织机构，发挥社会监督职能。监管对象是危化品物流安全防控客体，主要指危化品物流相关活动，各要素之间的多样性、差异性决定了危化品物流安全体系的复杂性[3]。

2.2.2 要素关系的复杂性

危化品物流安全监管、被监管体系各构成数据库之间存在相互支持与配合、约束。危化品物流大数据平台需要"创新"，危化品大数据平台的"创新"需要"大数据"处理相关技术的支持，并且需要遵守相关法律法规、受标准体系的各种约束，最终达成"危化品物流服务全生命周期"的安全防控。因此，危化品物流安全体系各要素之间表现出高阶性、交错性以及非线性的复杂特征[4]。

2.2.3 系统规模的复杂性

危化品物流安全体系可以看作一个复杂的系统工程，危化品从企业仓储到运输全过程要求政府及社会各监管机构的监督。监督机构通过危化品物流大数据平台进行全方位监控，而危化品物流大数据平台的系统搭建需要大数据处理技术的支持，主要处理相关数据库（危化品数据库、危化品物流风险评价数据库、应急预案数据库），采用WSR科学的系统方法论为"危化品物流安全体系"的分析提供了科学的系统工程分析方法。

2.3 危化品物流安全体系的WSR三维模型

在危化品物流安全体系中，物理表示"物"是什么，事理表示"怎样去做"，人理表示"应该如何做"。因此，根据危化品物流安全体系的特性[5]，构建危化品物流安全体系的WSR三维模型，如图2所示。

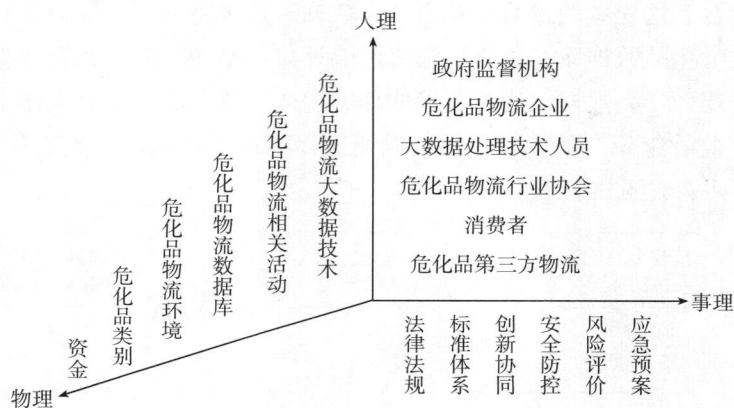

图2 危化品物流安全体系的WSR三维模型

危化品物流安全体系中的物理因素有"危化品物流大数据技术、危化品物流的相关活动、危化品物流数据库、危化品物流环境、危化品类别、资金"这些"物"；事理包括如何制定"法律法规、标准体系、创新协同、安全防控、风险评价、应急预案"等工作；"政府监督机构、危化品物流企业、大数据处理技术人员、危化品物流行业协会、消费者、危化品第三方物流"属于危化品物流安全防控体系的人理因素[6]。

3 危化品物流安全防护体系流程设计

按照WSR系统方法论的实施步骤，结合危化品物流安全体系三维模型的内容，设计危化品物流安全防护体系流程。

3.1 理解意图

明确问题是人理因素的分析过程，需要大数据处理技术人员与危化品物流企业、政府监督机构及消费者进行沟通，充分掌握构造"危化品物流安全体系"的功能要求，为危化品物流安全体系的合理设计做好科学准备。

3.2 调查分析

调查分析是物理分析过程。分析危化品物流安全体系的全过程，分析处理危化品物流大数据、如何建立危化品物流数据库、分析危化品物流环境如何、分析危化品的种类等情况，最大限度地获得较为丰富的研究资料，并做好对危化品物流大数据平台的数据萃取和处理。

3.3 制定目标

通过深入调查分析，在对所取得的相关资料进行有效信息萃取和处理的基础上，确定危化品物流安全体系的系统目标。形成目标属于事理因素的分析过程。总目标就是要实现危化品物流安全防护体系的最优化，建立高质量的危化品物流安全体系，依据相应法律法规制定规划标准体系、风险评价、应急预案、安全防控等相关工作。

3.4 构造策略

在理解意图、调查分析、明确目标的基础上，对危化品物流安全防护体系的各相关要素进行分析建模。这里的建模是广义模型，在这一阶段，运用物理和事理，进行设计分析处理，构建危化品物流安全防护体系的各项策略。

3.5 选择方案

运用模型、分析、比较、计算各种条件、环境和方案之后，可以得到危化品物流安全体系方案，选择方案步骤主要是对危化品物流安全体系各项策略进行方案优选。系统工作者在模型分析基础上，兼顾政府监督机构、危化品物流企业、大数据处理技术人员等意见后推荐可行方案。

3.6 实现构想

在危化品物流安全体系优化方案确定后，需要权衡各预测方案，进行科学比较，最终选择相对较好的方案进行组织实施。实施结束以后，要对实施效果进行分析评价，确保方案的最优化。

4 危化品安全体系的优化措施

4.1 物理方面的优化措施

首先，通过大数据技术支持，建立危化品物流大数据平台，既能加强危化品物流安全体系的各种创新及监督，又能够确保危化品物流全生命周期的监管；其次，危化品物流相关活动的全过程建议应用智能技术，分别用智慧运输、智能仓储、终端配送等智能监控手段进行安全防护；最后，在危化品类别及危化品物流环境上，应充分考虑东北地区的天气情况等，综合做好危化品应急物流的各种防御准备。

4.2 事理方面的优化措施

首先，需要建立新型的安全体系，确保各个环节高效对接；其次，通过"风险评价"，做好各环节应急防控措施；最后建立健全的"法律法规""标准体系"，降低危化品物流安全体系风险，优化安全体系。

4.3 人理方面的优化措施

首先，加强危化品物流大数据处理技术人员的人才培养，提高专业技能标准的同时也注重危化品物流行业的特殊背景，需要培养既懂物流又熟悉危化品的"双重人才"；其次，需要换位思考，站在"危化品物流行业、消费者"的角度思考危化品物流安全体系的优化"刚需"；最后，可以考虑适当引入国外适合辽宁本土的危化品物流安全体系的第三方组织，取其精华，保障危化品物流安全体系的优化。

5 结 论

危化品物流安全体系是一个复杂的社会系统，引入WSR系统方法论对其进行分析，可以优化危化品物流安全体系，提高危化品物流安全体系的优化方案，从而拓宽WSR系统方法论的应用领域。

参考文献

[1] 肖立刚."互联网+"背景下危化品物流安全防护体系的构建与实施[J].中国市场,2017(27)：116-117,159.
[2] 吴翠花,薛要文,张生太.系统工程概论[M].北京：中国铁道出版社,2019：8.
[3] 周强,傅少川.智能化冷链物流综合防控技术体系研究[J].科技管理研究,2020,40(13)：196-201.
[4] 崔媛.从物流体系的完善谈我国流通经济发展梯度[J].商业经济研究,2015(34)：36-38.
[5] 赖永波,徐学荣.基于WSR系统方法论的农产品质量安全政府监管体系优化研究[J].科技与经济,2013,26(5)：46-50.
[6] 叶飞.铁路物流基地经营绩效评价指标体系优化研究[J].铁道运输与经济,2020,42(10)：21-26.

区块链视角下的供应链金融发展研究

蒋红娟

沈阳化工大学经济与管理学院

摘 要： 随着社会生产方式的不断发展，企业之间合作频繁，社会供应链越来越复杂。供应链金融得到快速发展的同时，也受到了传统形式的制约。供应链金融与区块链的结合发展有利于解决供应链金融发展过程遇到的问题。基于此，重点研究区块链技术在供应链金融应用中存在的问题，以期为供应链金融的发展提供参考和对策建议。

关键词： 区块链；供应链金融；融资服务

引 言

近年来，在企业需求的推动下，供应链金融发展越来越广泛。供应链金融在快速发展的同时，也受到了传统形式的制约。在互联网下，传统的供应链金融虽然不断受到冲击，但也带来了创新性的改变。随着区块链技术的诞生，供应链金融与区块链融合不同于以往的经营方式，对中小企业、金融机构等产生了深远影响，改变了人们的生活和企业的经营道路。智能合约的自动执行、信息共享等技术，弥补了传统供应链金融的缺点。在此背景下，研究区块链在供应链金融模式及融资方式中的应用，分析其存在的主要问题，总结出完善供应链金融的建议与路径，具有一定的现实意义和应用价值。

1 区块链与供应链金融概述

1.1 区块链及其技术特点

区块链源于比特币。区块链不断更新，在2014年，发展为可编程技术，使用户可以使用智能协议，让资产数字化，并逐渐应用到其他金融领域。随着越来越多的研究者参与研究区块链，他们发现区块链还可以应用在金融外的其他领域。如在物流领域，区块链可追溯物品的状况，方便交易，节约成本，实现智能物流。区块链的技术特点是去中心化、开放性、不可逆性和不可篡改性。

1.2 供应链金融的特点

供应链金融是银行在掌握相关企业的资金及运作情况的基础上，向它们提供交易所需要的资金支持与结算业务等各类金融服务。

供应链以核心企业为中心，为上下游的中小企业提供融资服务，有利于提高整个链的竞争力。供应链金融中的主体数量多、种类多，每次交易都会有多个买卖双方参与，并且还涉及多种融资主体。在交易过程中，需要协调每个主体之间的行为，交易才能顺利进行。链上大多数企业都是有资金需求的，供应链则为它提供融资服务。并且随着业务的拓展，越来越多的企业享受到融资服务。供应链金融是高技术的产品，与物联网等技术非常契合，并且它需要掌握贸易流程等信息来进行各种交易，这通常对信息技术的要求较高。

2 区块链与供应链金融融合的必要性

2.1 供应链金融发展存在的瓶颈

2.1.1 在银行方面

（1）授信企业数量有限。在融资过程中，由于银行对上下游企业了解不深，信息掌握较少，难以对中小企业做出准确判断，所以为了减少风险，银行将核心企业作为与中小企业之间的桥梁，覆盖能力有限。且银行对作为桥梁的核心企业的授权是有条件的，只针对与核心企业对接的一级供销商，二级供销商则无法获得融资。在这种情况下，很多中小企业无法获得融资，不利于供应链金融的业务扩张。

（2）交易过程透明度低。在金融供应链中，交易流程透明度低，若出现贸易纠纷，不易解决。因此，银行引入第三方机构对小企业进行监督，但仍然存在操作透明度低的问题，信息不完全公开，容易降低交易的真实性与效率。若出现问题，责任追溯困难。也可能出现企业间数据虚构，骗取贷款。

（3）交易过程烦琐。由于银行贷款需控制交易风险，所以每个交易环节都需有公章单据做凭证，保证有据可依。但供应链金融业务涉及的主体较多，交易的很多凭证都需盖章，来来回回，交易过程烦琐，浪费时间和人力，影响了业务运行效率。且很多纸质凭证工作都需要人工来完成，过程烦琐，耗时耗力，对发展不利。还易发生操作风险，在办理银行业务时，都需要按照流程。在融资时，核心企业需对下游中小企业进行担保。但在操作中，都是人工进行材料审核等一系列工作，并且工作过程中也可能出现人工失误或徇私舞弊现象，所以很容易发生操作风险。

2.1.2 在中小企业方面

（1）相比核心企业，中小企业受到的限制更大。在供应链金融中，中小企业的地位不及核心企业。在融资中会被动接受核心企业的要求，如较低原料价格等。并且中小企业的发展受核心企业的影响很大，比如在交易中，若核心企业不提供担保，则会使交易难以继续。或者在核心企业出现经营问题时，中小企业的发展也会出现问题。

（2）中小企业融资效率没有得到很大提升。因为在供应链交易过程中，从产出到消费，需经过非常多的区域，范围很广。供应链上信息的真实性与对货物的控制等对银行来说都非常重要。所以，银行融资给中小企业时，会很谨慎地选择及审核。这中间虽然有核心企业的担保，但以核心企业的能力还不足以收到各种真实的信息，并保证交易的安全，这就导致了中小企业的融资效率较低。

2.2 区块链对供应链金融的突破

2.2.1 区块链与供应链金融耦合性分析

（1）区块链可以为供应链金融提供信息基础设施。供应链非常需要信息的共享，以此控制交易过程中出现的风险。区块链的去中心化等特点，可以为供应链金融提供信息共享的平台。并且，区块链的非对称加密技术，可以在信息共享下保证信息的安全。意思就是用户有两把钥匙，即公、私钥匙。公钥可以查看对所有人可见的信息，私钥只能查看个人的信息。这样既保证了信息的共享，又保证了信息的安全性，有利于供应链金融发展。[1]

（2）区块链的信任机制可以帮助供应链金融各主体的协调。供应链的参与主体多且复杂，若不及时协调，会影响交易过程。区块链的信息不可更改的特性，使企业交易之间的信任度增加，可以减少因信用问题带来的风险和成本。

（3）区块链本身是一种高技术。而供应链金融对高技术的需求，天然的使区块链与供应链金融相互吸引，共同发展。同时，也为供应链金融与其他技术的融合带来便捷。

2.2.2 区块链控制供应链金融风险

（1）控制信用风险。在供应链中，由于需要融资的中小企业数量多，在信用审查时也较为困难，信息众多难以准确衡量。并且各参与者之间的信息共享机制尚不完善，会出现很多信用风险。供应链金融在提供资金时，需分辨交易过程中信息是否真实。在授信时，核心企业为桥梁，连通着上下游的企业。此时链上的每个参与者都存在交易风险，需要掌握充分的交易信息来控制风险。

而结合区块链技术可以很好地解决这些问题。区块链技术减少了征信中的人员参与，信息获取自动化，大大减少了征信时间和管理费用，提高了效率。同时，区块链可以记录交易过程，为征信提供数据支持。每个参与者都会有完整的记录，数据按时间排序，不易篡改，很容易被发现，提高了银行与企业间的信用。易形成公正的交易环境，减少了因不信任而带来的信用成本，增强信用体系。

（2）控制项目风险。供应链金融把资金贷给企业后，还需关注企业归还资金的后续信息。传统的供应链金融在银行放贷之后无法清楚地跟踪信息流、物流和资金流之间的运转情况。而且对于质押物的价值评估及波动也无法进行准确的判断，有很多不可知的市场因素。

结合区块链，可以将供应链体系中各部门信息化，并利用质押物的信息，结合大数据算法评估风险，并将信息发布到区块链平台上。负责人可以随时监测，当有风险发生时及时采取措施，提升了银行贷后管理效率，降低了银行和中小企业的融资成本。区块链的分布式系统有助于防止贷后资金诈骗的风险。区块链在数据上有整个供应链上真实的交易信息。在交易过程中可以通过协议的自动执行来判断资金流向，使金融机构掌握企业归还贷款的资金来源，进一步控制项目风险的发生。

（3）控制操作风险。供应链金融流程烦琐、成本高。金融机构为了掌握实际交易情况，需要大量人力参与跟踪流程、材料审核、验证、计算与评估等一系列工作，不仅工作效率低，而且工作过程中也可能出现人工失误或徇私舞弊现象。

区块链的智能合约技术可将部分人工操作实现自动化，大量减少人工的参与。将需要处理的数据用智能合约来自动完成，降低了人工成本，减少了失误操作，提高了工作效率。[2]

2.2.3 区块链对供应链上各企业的优化

（1）核心企业。若核心企业有成熟的信息整合平台，引入区块链技术会在信息风险的管理上更具优势，赚取更大的收益。利用区块链对供应链平台的管理，可以与更多的上下游企业合作，拓宽用户群，实现共赢。若核心企业内相对来说没有那么成熟的信息掌握能力，更加需要引入区块链。因为去中心的区块链平台，使企业可以根据自身的经验或业务优势，来规避交易风险，可以在区块链平台下与上下游各企业进行合作，分享红利。

（2）上下游中小企业。区块链下，物流、资金流等信息都被记录在一起，企业之间的交易信息也都被存储起来，每个参与主体平等。且区块链的去中心化主要是信息中心权的去除，各企业信息共享、交易数据可查，缓解了中小企业受制于核心企业的问题。对于规模较小的企业来说，这可以提高获得融资的效率，使信用较好的企业不被拒之门外，降低融资成本。[3]

（3）物流企业。区块链与物联网结合，增强了物流企业的监管能力和对信息的获知能力，使物流企业对货物的掌控力更强。因此，也会在行业中更具优势，更易获得合作机会。

3 区块链技术与供应链金融融合发展出现的问题

3.1 区块链技术复杂，且技术人才储备不足

3.1.1 全面实行区块链技术复杂且难度大

虽然现在关于区块链技术的热度很高，但在实际中主要应用的领域不广。要使区块链广泛应用在供应链金融中不是一个简单的事情，需要考虑各主体的操作需求，结合物联网等信息技术。并且还需要核心企业、上下游企业及银行等参与者的相互协助、相互配合。所以，扩大区块链技术在供应链金融中的应用范围，是一个长期而复杂的过程。

3.1.2 区块链技术人才储备不足

区块链从诞生到现在，引发了全球的热情关注。每个人都很感兴趣，但是作为一个新兴技术，区块链还有很多未知领域等待人们探索。了解区块链技术且能熟练应用的人才很少，数据显示，这种人才只占总需求的7%。可见，在区块链快速发展的情况下，人才短缺是区块链发展的一个非常大的挑战。

3.2 缺乏匹配的法律法规和监管机构

区块链技术作为一个新兴技术，得到了快速的发展。但如果没有相匹配的法律法规的监管，则不利于它在供应链金融中的推广。

3.2.1 法律法规方面

暂未形成有关区块链技术的成熟法律体系。法律是维护市场有序、平稳运行的有效手段，若法律体系不健全，在出现风险与纠纷等情况的时候，各参与者会失去保障，不利于该应用的健康发展。但是要想建立与之相关的成熟的法律，需要法律工作者对区块链及供应链金融有彻底的了解，

但现在还没有做到，而失去法律的保障不利于区块链技术广泛地推行。

3.2.2 监管机构方面

没有明确的部门或机构进行监管，提高了风险发生的可能。区块链技术作为快速发展的新技术，为维护其健康发展，需要设立监管机构。除了需要加强对市场的监管外，还要加强对网络方面的监管。区块链是分布式数据库，容易被外部病毒或黑客攻击。而且日常中，初始数据和大量的凭证都是人工录入系统的，人工在录入过程中可能会篡改数据，而后续的发展都需基于初始数据，容易造成安全隐患，所以对网络风险的监管也至关重要。[4]

3.3 各主体准备不充分

3.3.1 从用户角度看

很多客户熟悉传统的供应链金融模式，对区块链模式下的供应链金融的操作比较陌生，记不清操作步骤，并且合同的内容也会有所变化，一时使用户无法适应。而先进的技术与流程的简化，也会使很多用户担心交易的安全性。

3.3.2 从金融机构角度看

机构对区块链系统的宣传不是很到位，推出的应用平台也比较少，使用频率不高，且大多数都是应收账款业务，提供给交易者选择的其他业务很少。并且在企业推出新产品后，没有大范围地推广给用户，使用户还不够熟悉平台的业务，不利于发展。

3.3.3 从企业角度看

当企业研发出新的区块链平台后，由于宣传不到位，其价值与潜力没有被投资公司发现，缺少资金的支持来进行下一步研究。

4 运用区块链技术发展供应链金融的对策建议

4.1 加强技术研发力度和专业人才培养

4.1.1 加强技术研发及技术创新

区块链技术尚不完善是阻碍区块链与供应链金融融合发展最大的影响因素。技术不完善就会导致应用平台不稳定，供应链中的信息安全也没有保障。例如，区块链需要精密的密码学算法来防止被黑客攻破；智能合约需要加强容错机制来防止死循环；区块链系统的运行速度也需要提升，否则会影响供应链金融业务的交易速度，等等。因此，应当重点加强区块链技术的研发力度和技术创新，使区块链为供应链金融创造更大的可能性。[5]

4.1.2 重视培育专业人才

为了提高区块链的技术建设，需要培养专业的人才，打造技术研发团队。培育专业的人才不仅需要他们对经济形势熟悉，还需要有深厚的互联网功底和对区块链的深入研究。学校可开设相关专业，培养专业人才，同时也需要企业对相关人才进行培训。

4.2　政策和法规保障，打造良心发展环境

4.2.1　政策保障

区块链正处于发展阶段，需要大量的资金与资源，所以政府应该出台相关的扶持政策。首先，国家在政策上需要确立区块链的重要地位，推动供应链金融与区块链技术的融合发展，消除数字货币的政策红线。并且可以根据区块链技术，推出数字货币来顺应社会发展，加强区块链的探索。其次，政府可以设立专项扶持基金，建设专门的发展环境来引导其发展。

4.2.2　法律保障

法律体系的不成熟阻碍了区块链技术在供应链金融中的发展，而设立法律体系可以规范和约束交易者在进行区块链供应链金融业务时的行为，并且明确区块链技术被允许使用的范围，使所有交易者在规定范围内使用该平台。设立法律体系的同时也要明确惩罚准则，规定交易双方的责任和义务，只有这样才能保障区块链技术在供应链金融中的平稳运行。很多区块链与供应链金融结合的交易，资金投入大，成本很高，存在诈骗的可能。因此，为了从源头上保护它们的融合发展，还需要法律的震慑。

4.2.3　监管机构的保障

除了法律保障，监管也是不可缺的。监管机构可以实时监督，而法律法规存在时滞。区块链技术作为一个新兴技术，应用必将越来越广泛，所以需要监管机构监督其业务的发展，保障业务的安全进行，这样才能让人们安心使用。区块链一些公开的特性，使其在平时的交易中弱化了监管意识，容易泄露用户隐私。监管意识的弱化，易使区块链的初始数据被篡改，带来不良后果，信息的泄露易导致用户的利益受损。所以需要加强监管机构的监管，来保障用户的利益和区块链在供应链金融中的健康发展。

监管机构还可以实时获取交易信息及动态，也可将信息留存，以免发生交易纠纷，提高了供应链金融的监管效率。同时，区块链的监管机构还可以监测区块链技术的网络风险，防止代码出现故障或人为的失误等，有利于区块链的稳定。加强监管，不仅在网络方面可以控制风险的发生，在人为的数据录入时也得到很好的控制，是非常重要的手段。

参考文献

［1］　崔安琪,姜楠.区块链技术在供应链金融中的应用实践分析［J］.中国经贸导刊(中),2018(23)：55-57.

［2］　许荻迪.区块链技术在供应链金融中的应用研究［J］.金融科技,2019(2)：75-84.

［3］　巩长青.区块链技术下供应链金融发展研究［D］.济南:山东大学,2018.

［4］　李婷.区块链技术在供应链金融中的应用初探［J］.中外企业家,2018,9(28)：75.

［5］　查萧木.区块链技术在供应链金融中的应用研究［D］.北京:对外经济贸易大学,2018.

基于经济学视角的我国数字经济风险效应分析

周 颖 王 姣

沈阳化工大学

摘 要：数字经济在我国已取得了举世瞩目的成绩，同时数字经济中的风险也引起关注。本文使用经济学中的风险和风险效应概念，以及成本收益分析法，对数字经济运行中的风险进行分析。通过分析风险诱惑效应、风险约束效应和风险平衡效应，探讨数字经济风险产生的机制。通过解决数字经济中存在的信任和不确定性等问题，以应对数字经济风险及其产生的效应。

关键词：经济学视角；数字经济；风险效应

引　言

自1996年"数字经济"一词第一次出现以来，数字经济作为一种新的经济社会发展形态，日益被各国所采用并重视，在各国经济社会发展中发挥了越来越大的作用。近几年，我国也高度重视发展数字经济，并多次将其写入政府报告。随着我国互联网、区块链、人工智能以及5G等技术的应用及普及，数字经济基础设施在不断完善，数字经济对GDP增长的贡献率逐年提高。截至2019年，数字经济规模为35.8亿元，占GDP比重超过36%，对GDP的贡献达67.7%。[1] 在数字经济领域，我国已由之前的"跟跑者"一跃成为"领跑者"。经过最初的探索阶段，数字经济对我国经济社会的作用有目共睹。但当前经济增长仍处于新旧动能转换期，为了使数字经济在经济社会发展中发挥更大的作用，需要深入识别、分析以及评估数字经济风险及其效应。[2] 本文基于经济学视角，主要通过风险成本收益分析，探讨数字经济风险产生机制，以期对促进数字经济健康发展的政策制定提供一定的依据。

1　数字经济风险表现

与其他经济形式一样，数字经济既存在本身固有的缺陷，又有发展中逐渐引发的风险。

1.1　本身固有的缺陷

数字经济的特点决定了其本身存在固有的缺陷。

首先，数据安全问题。不同于以往的经济模式，数字经济的基本要素不再是具体的土地、机器设备，而是虚拟化的数据，因此数据安全问题很难有效治理，导致数据安全问题频发。诸如数据泄露、违规收集个人信息以及数据非法交易等威胁数据安全的行为日趋加剧。不论是人为的，还是无意的，这些都严重侵蚀了数字经济的根基，影响数字经济的健康发展。[3]

其次，数字经济技术方面。一方面，数字经济的基本技术，比如区块链、人工智能、5G以及互联网等，虽然具有一定的复杂性，但也会遭受恶意破坏，从而影响正常运行；另一方面，数字经济的核心技术，比如部分核心技术和关键资源仍存在短板。这些都是影响数字经济是否正常运行的关键。

最后，数字经济运行方式方面。数字经济具有全球化的特征，是一把双刃剑。这种全球化运行方式，随着市场的扩大、产业链供应链的拉长，其所产生的规模效应不仅能放大收益，也能放大损失，也就是风险增大。

1.2 运行中出现的风险

在数字经济的运行中，随着其发展的不断深入，风险也随之一个个出现并叠加累积。

首先，数字鸿沟。自互联网等信息技术出现以来，数字鸿沟问题一直备受关注，最早可追溯到1990年美国学者托夫勒出版的《权利转移》一书。随着信息、网络等高新技术不断出现并被深入使用到经济运行的许多方面，经济发展进入到数字经济模式，数字鸿沟再次成为阻碍实现经济均衡发展的风险来源。数字鸿沟在数字经济初始运行中就伴随而生，就像农业经济和工业经济中对生产重要资源的掌握不均衡一样，数字经济中也存在对信息、网络等高新技术的掌握和应用的不均衡情况，只是在外界干预的情况下，会有所减缓，但将一直伴随在数字经济整个运行过程中。

其次，失业风险。与任何一次经济发展模式转型一样，数字经济模式也不可避免地出现摩擦性失业和结构性失业。数字经济的生产力主要来自科技，而不是以往经济模式中的劳动力、土地和资本。在数字经济进入发展阶段后，对劳动力要素的需求冲击比较大，特别是负面冲击，会引发对劳动力需求不足的失业问题。数字经济对劳动力的需求，与以往经济发展模式转变过程中对劳动力的需求是不同的。一方面，在人工智能完成不了的工作上，特别是一些低脑力要求的工作，劳动力需求在增加，在工作调整过程中，会出现摩擦性失业；[4]另一方面，数字经济更注重人才的质量，不再只满足于一般意义上的普通人才，而是对符合数字经济发展的高精尖人才需求增加，这就产生由于人才知识结构问题的结构性失业。数字经济下的失业风险，会随着技术的不断创新一直存在，而且周期会更短。

再次，垄断和竞争风险。数字经济既然是一种经济发展模式，就与其他经济模式一样，会存在垄断和竞争风险。正常情况下，数字经济是以信息技术为支撑的，所以谁拥有先进技术，谁就具有绝对的竞争优势，从而控制市场。但在现实中，我们看到的是在相同技术水平下，绝对优势取决于进入市场的时间。一种情况是，先进入市场，存在先发优势，就会对行业起到引领作用，得到公众的认可，成为行业标杆，进而对市场造成垄断；另一种情况是，进入先后不明显，也就不存在先发优势，为了实现对市场的控制，就会引发无序竞争。数字经济作为新生事物，其垄断和竞争风险所带来的负面影响，只有形成一定的规模，才能被识别出来。当前，这种垄断和竞争风险主要存在于数字平台经济中，其中垄断的典型例子是购物平台，竞争的典型例子是融资平台。

最后，金融稳定风险。由于数字经济在金融业的广泛使用，加之参与主体更多的是非银行机构，业务包括非银行数字提供商的第三方支付、P2P贷款、非银行机构的互联网贷款以及非银行机构的互联网理财等金融科技产品，使金融稳定问题受到普遍的关注。金融科技产生的金融稳定风险主要来自两个方面：一方面是直接风险，即这些业务本身存在的风险；另一方面是间接风险，即这些业务的运行对传统银行业的影响以及对金融监管和货币政策的影响。[5]

随着数字经济的不断发展，在新科技出现以及与其他产业融合的过程中，预期其还会出现新的问题，从而引发其他风险。

2 基于经济学视角的数字经济风险效应分析

数字经济本身固有的缺陷具有较强的技术性，加之选取经济学的分析视角，因此只以运行中产生的风险为研究对象。数字经济运行中显露出来的风险只是风险的表象，其产生有深层原因。首先应该从一般意义上理清风险的含义及其效应，以此分析数字经济风险问题。

2.1 经济学视角的阐述

本文的经济学视角包含三个方面：一是使用风险的经济学含义；二是把风险作为一个整体因素考察对经济运行和决策的影响；三是采用经济学中的成本收益法分析风险效应。[6]

在经济学中，风险是指人类生活和社会经济活动中发生"不理想事态"的程度以及这种不确定性的大小。一般来看，风险具体表现为不确定性，且是双向的。风险既可能是正向的不确定性（带来收益），又可能是负向的不确定性（付出代价），因此风险会对人类生活以及社会经济活动中参与者的决策产生影响，即风险效应。

本文的风险效应也就是风险的经济效应。效应是事物本身的一种内在机制，正是由于效应机制的存在与作用，才引发了某种形式的行为模式与行为趋向。把风险看作一个具有整体性、抽象性的事物，经济活动的参与者受自身观念、动机的影响，结合一定的外部环境，会产生不同的行为模式与行为趋向，这就是风险效应。

风险效应根据对风险收益与风险成本的不同态度，可以分为风险诱惑效应、风险约束效应和风险平衡效应。风险诱惑效应是受风险收益的激励，为实现风险目标，作出某种风险选择并导致风险行为发生的机制。风险约束效应是受风险成本的限制，为回避风险采取某种行为或不作为，并导致抑制经济活动的机制。风险平衡效应是对风险收益和风险成本进行衡量，为实现一定的经济目标，而不是风险目标，作出行为选择的机制。

2.2 基于经济学视角的数字经济风险效应分析

根据风险效应的阐述，数字经济运行中所表现出的各种具体风险，其根源也可以从风险诱惑效应、风险约束效应和风险平衡效应，三种风险效应进行探究。

2.2.1 数字经济风险效应曲线

图1描绘了通过对风险收益与风险成本的不同选择所产生的三种效应。图1各部分的含义如下：

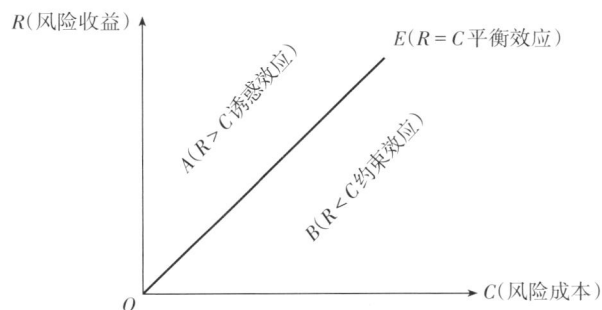

图1 数字经济风险成本收益曲线

（1）原点 O 表示数字经济的起点；横轴 C 表示数字经济风险成本；纵轴 R 表示数字经济风险收益。

（2）曲线 E 表示 $R=C$ 的风险平衡效应；区域 A 表示 $R>C$ 的风险诱惑效应；区域 B 表示 $R<C$ 的风险约束效应。

2.2.2 风险效应分析

（1）风险诱惑效应分析。数字经济表现出来的风险，比如垄断和竞争以及金融稳定问题，都体现出风险诱惑效应，也就是说，在衡量风险收益和风险成本的基础上，为了追求数字经济中的风险收益，而作出风险选择行为。诱惑效应的程度既影响个体的行为，又影响整体市场的竞争状况。诱惑效应程度取决于风险收益超出风险成本的程度，超出的越多，就会引起更多的人选择风险行为，从而使某一领域市场竞争程度更激烈；反之，则可形成垄断。这些都会影响数字经济下某一市场的稳定。

如图2所示，a_1 与 a_2 两点都存在风险诱惑效应，但是 a_1 点对应的风险收益与风险成本之差大于 a_2 点，由 Oa_1 与 OE 构成的空间较大，表明该市场可以容纳更多的参与者，从而引起竞争。相比而言，由 Oa_2 与 OE 构成的空间较小，更可能出现垄断。

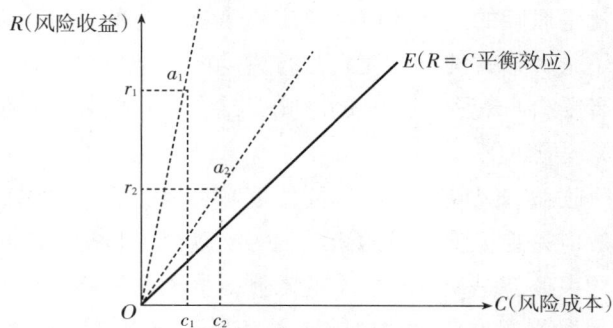

图2　数字经济风险诱惑效应

（2）风险约束效应分析。数字鸿沟可以是技术落后产生的，即自然鸿沟；也存在规避先进技术而出现的，即人为鸿沟。就人为鸿沟而言，其可通过风险约束效应引发。也就是说，数字经济是以高新技术为基础的，相对于人们熟悉的经济方式，存在一定的不确定性，从而采取规避风险成本的行为。风险约束的程度也体现为成本与收益的对比，风险成本越高于风险收益，则风险约束效应越大，表现为数字鸿沟越大；但随着数字经济的深入和成熟，风险成本相对于风险收益降低，则数字鸿沟缩小。

如图3所示，b_1 与 b_2 两点都存在风险约束效应，但是 b_1 点对应的风险成本与风险收益之差大于 b_2

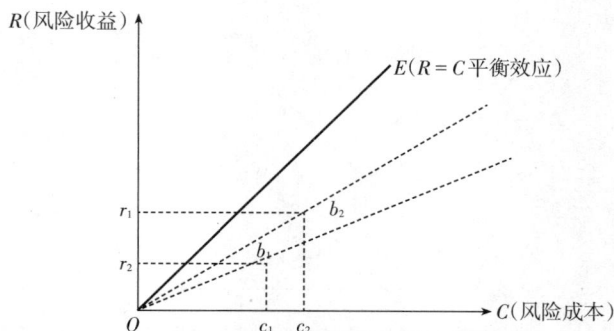

图3　数字经济风险约束效应

点，从而由 Ob_1 与 OE 构成的空间较大，表明存在较大的市场约束，即数字鸿沟程度较深。相比而言，由 Ob_2 与 OE 构成的空间较小，则表明数字鸿沟程度较小。此外，从数字经济发展时间来看，b_2 点较 b_1 点离原点较远，可以理解为在时间上，b_2 点较 b_1 点要晚，即 b_2 点的数字经济较 b_1 点进一步发展和成熟，所以数字鸿沟也进一步缩小。

（3）风险平衡效应分析。失业问题，特别是摩擦性失业，则体现风险平衡效应。摩擦性失业，既是人们对数字经济风险收益与风险成本平衡的结果，也是数字经济自动平衡的结果。数字经济在进一步发展过程中，会不断重复这种权衡机制，通过动态机制平衡新的风险收益与风险成本。除了失业问题，产业调整以及监管方式选择都可通过风险平衡效应引发。

如图4所示，起初就业处于 f_1 点，存在于净风险收益（风险收益大于风险成本）的风险诱惑区域。但由于新技术的引入，出现了失业，则进入净风险成本（风险成本大于风险收益）的风险约束效应 f_2 点。在适应新技术之后，就业又进入风险诱惑效应区域 f_3 点，以此不断往复，但在摩擦性失业不断调整过程中，都是趋近于平衡状态。

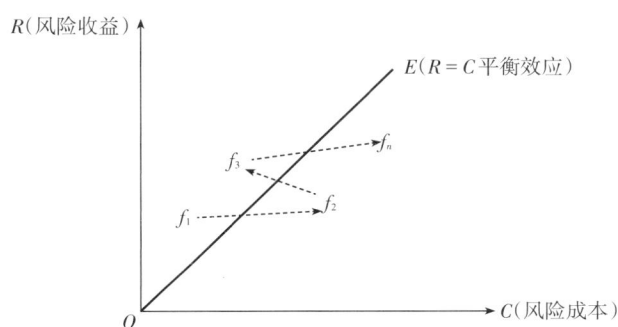

图4　数字经济风险平衡效应

3　对策建议

3.1　基本原则

一是确定性原则。数字经济已显现的以及预期的风险，其根源在于数字经济本身的不确定性产生的风险效应机制。因此，治理和防范数字经济风险的对策应本着增加确定性的基本原则。二是"看不见的手"原则。数字经济下的任何一种形式带来的风险，对市场参与者和监管者而言都是新的。至于这些新情况是机遇还是挑战，还需要通过市场来检验。为了能充分发挥数字经济的优势，对其风险的防治也主要通过市场"看不见的手"来进行，以政府监管为辅助。[7]

3.2　具体对策

由于金融科技是数字经济发展中最活跃的部分，所以对策建议的提出采用由点及面的方法，即以金融科技发展中的问题为前车之鉴，为总体数字经济发展提供参照。

第一，完善信用体系建设是基本措施。当经济发展模式进入到数字经济后，经济活动越来越虚拟化，同时参与者之间也越来越陌生。因此，信用在数字经济中的作用比以往任何时期都更重要，也是降低不确定性的基本措施。数字经济中的任何一个环节都需要重视信用的作用并建立信用档案，从而完善整体数字经济下的信用体系。

第二，重视舆论的作用是辅助措施。信息是数字经济的基本要素，其影响市场参与者对风险的判断，从而影响风险行为的选择。媒体是参与者获得信息主要渠道，所以重视并正确发挥媒体舆论的引导作用，是降低不确定性的辅助措施。

第三，实现数字经济与实体经济有效融合是核心措施。数字经济作为一种经济发展方式，根本目的是提高生产力，增加收入。只有将数字手段全方位应用到实体经济中，才能达到这一目的，也称其为真正的"数字经济"。同时，避免只应用在金融和零售等数字经济领域某一个环节而产生的风险。将数字经济有效融入实体经济，是降低不确定性的核心措施。

第四，实施稳健监管政策是前瞻性措施。在数字经济中，政府监管的作用也不能忽视。但应在确保市场的主体作用基础上，结合市场及其风险情况，审时度势进行监管。数字经济对监管提出了比以往更高的要求，既要密切防范数字经济本身的风险，又要防治监管不当引发的政策风险。所以，实施稳健监管政策，是降低不确定性的前瞻性措施。

参考文献

[1] 我国数字经济规模占 GDP 比重超过 36%[EB/OL].(2020-11-18). https://news. gmw.cn/2020-11-18/content_34380364.htm.

[2] 孔祥涛,胡志高.习近平总书记关于风险治理的重要论述及其重要意义[EB/OL].[2019-10-29]. http://www.china.com.cn/opinion/theory/2019-10-29/content_75351879.htm.

[3] 黄震.区块链数字经济急需加强风险管理[J].金融经济,2018,13:42-43.

[4] LEDERMAN D, ZOUAIDI M. Incidence of the digital economy and frictional unemployment: international evidence[R]. Work Bank Group,Policy Research Working Paper,2020:3.

[5] ZHANG L M,CHEN S. China's digital economy: opportunities and risks[R]. IMF Working Paper, 2019:1.

[6] 郝静明,张莹.经济学视角下的金融监管改革[J].经济师,2018(11):41-42,44.

[7] JALLER L D. MOLINUEVO M. Digital trade in MENA: regulatory readiness assessment[R]. Work Bank Group,Policy Research Working Paper,2020:3.

推进新一代人工智能引领沈阳民营
经济新飞跃的研究

周 超

沈阳化工大学

摘 要： 人工智能的发展推动科学技术实现重大革新，也使得世界经济发生深刻变革。目前，沈阳市人工智能产业自身发展及其串联其他产业发展等方面存在不足，对沈阳民营经济发展助力不够。为使民营企业抓住智能经济发展的战略机遇期，沈阳市应该超前规划、政策引领，从促进信息技术产业发展、产业部门融合发展和人才培养等方面强力推进。通过推进新一代人工智能快速发展，引领沈阳民营经济新飞跃。

关键词： 人工智能；民营经济；超前规划；强力推进

引 言

2019年初，《中共沈阳市委 沈阳市人民政府关于沈阳市进一步促进民营经济发展的若干意见》发布，《若干意见》包括六大部分，共计28条具体政策条款，为沈阳民营经济发展助力[1]。2019年，沈阳市经济能够呈现出总体平稳、稳中有进的发展态势，民营经济功不可没。但28条具体政策条款相对缺少对未来发展趋势的研判和预支持。新一代人工智能是"基于新的信息环境、新技术和新的发展目标的人工智能"。沈阳市应该采取怎样的民营经济支持政策，才能使民营企业抓住智能经济发展的战略机遇期，在未来十年，抢占新一轮科技和产业革命制高点，成为全国民营经济的领跑者？

1 人工智能对经济增长的影响

近年来，随着人工智能的快速发展，其给人们的社会生活带来了翻天覆地的变化，对人工智能的研究也广受关注。人工智能的概念是由约翰·麦卡锡（John McCarthy）等人于1956年在达特茅斯会议时首先提出的，最初被定义为"制造智能机器"，尤其指"利用计算机模拟人类逻辑思维所体现的智能"[2]。以"新互联网＋云计算＋大数据＋人工智能"为标志的新一代人工智能受到各国政府越来越多的重视，学术界的研究也更加广泛。从目前研究文献的普遍观点来看，大都支持人工智能促进了经济增长的结论[3]。例如，全球最大的咨询公司埃森哲在其2016年发布的一份报告中指出，人工智能是一种新的生产要素，能通过智能自动化、提升劳动和资本效率、促进创新三个方面促进经济增长。

人工智能颠覆了现有的世界经济格局，如在电子商务领域，我国实现的电子商务交易额从10年前占全球1%发展到现在占全球40%以上，变化可谓巨大。人工智能还可以通过创新，从而改进现有产品和服务，并创造出全新的产品，实现经济增长。而且在这一过程中，会有越来越多的企业迫于竞争的压力，加入到探索运用人工智能进行企业创新的改革大潮中来[4]。

2 沈阳推进民营经济智能化的必要性

2.1 人工智能发展赋能新时代

以"新互联网＋云计算＋大数据＋人工智能"为标志的一场新技术革命和新产业变革正在全球范围内展开。2017年7月，国务院印发了《新一代人工智能发展规划》。2018年，12个国家和地区发布或加强了国家级人工智能战略计划，另有11个国家筹备制定人工智能国家战略。人工智能的发展呈现新趋势，强人工智能、通用人工智能、超人工智能正在我国如火如荼地展开[5]。一场人工智能的盛宴已经开场。

2.2 民营企业在人工智能潮流中不进则退

新一代人工智能的广泛应用，也改变了企业传统的竞争环境，迫使民营企业要不断地重新定义其产品和服务组合，以迎接现实中甚至是潜在的巨大竞争和挑战。在迎接人工智能的潮流中，如果企业不积极通过创新，发展或是串联起人工智能，必将在未来的竞争中由于成本、技术、设施、服务、市场等因素影响而败下阵来，走向消亡。长期来看，新一代人工智能对民营经济发展的影响会逐渐显现，并影响深远，随着时间的推移，最终将促进社会整体生产力的增长。

2.3 沈阳需要超前布置新一代人工智能的发展

新一代人工智能的发展基本遵循两条主线：一条是人工智能产业领域自身的发展，另一种是人工智能"串联"其他产业发展。作为老工业基地，沈阳传统产业更新改造任务繁重，新一代人工智能"串联"沈阳传统产业面临主观意识不强、现有技术锁定（尤其是流程工业，如化工产业、钢铁产业等）、资金困难等问题。新一代人工智能产业发展，骨干企业不多，在规模以上企业中占据较少份额。但超前发展，抢占先机的机会稍纵即逝，沈阳市发展人工智能不能等待、不能懈怠。沈阳市需按照前瞻性原则，超前布置，抓紧制定、执行适合沈阳市市情的新一代人工智能发展策略。只有勇于创新、善于融合，才能在第四次工业革命中实现全面振兴、全方位振兴。

3 沈阳民营经济智能化发展存在的问题

3.1 沈阳缺乏民企发展新一代人工智能的"集聚场"

作为省会城市，辽宁新一代人工智能的发展状况可以被看成沈阳人工智能产业发展的"集聚场"。每年评出的中国民营经济500强，在很大程度上彰显各省市的民营经济发展规模、活力、潜力及产业结构特点等，体现区域内人工智能产业集聚发展优势（图1）。

2020年民营经济排行榜前10企业中，与人工智能、互联网相关的企业为三家，分别是华为、京东和联想。梳理辽宁历年民营经济500强排行榜，尤其是2019年和2020年的排行榜，可以发现，辽宁省不仅上榜企业数量少，而且传统产业占据绝对优势地位。在2018年和2019年中国民营企业500强榜单中，辽宁人工智能相关领域民企全军覆没。

在数量上，2020年排行榜中，中国500强民营企业主要集中在东部沿海经济发达的省市。其中，浙江96家，江苏90个，山东52家，广东58家，河北33家，福建20家，排在前列，而辽宁仅仅入围8家（表1）。在2018年和2019年排行榜中，辽宁分别入围6家和10家。近三年入围500强的民营企业数平均占比1.6%，所占比例较低。

在质量上，大商集团有限公司等（零售业）曾获得2018年排行榜第十名的辽宁最好成绩，其2017年营业收入为2808.05亿元。而排在第一位的华为投资控股有限公司（计算机、通信和其他电子设备制造业），2017年营业收入为6036.21亿元，是大商集团有限公司的2.15倍。2019年排行榜中，大商集团有限公司（零售业）跌至第12位，2018年的年营业收入为3002.9186亿元。而排在第一位的华为投资控股有限公司（计算机、通信和其他电子设备制造业）年营业收入7212.02亿元，是大商的2.4倍，差距在加大。

大连万达集团股份有限公司（行业：综合）2018年排行榜处于第17位，2019年排行榜跌至第23位。盘锦北方沥青燃料有限公司（行业：石油加工、炼焦和核燃料加工业）由2018年排行榜的第162位上升到2019年排行榜的第114位。辽宁嘉晨控股集团有限公司（行业：黑色金属冶炼和压延加工业）2019年排行榜位于第143位。环嘉集团有限公司（行业：批发业）2018年排行榜处于第187位，2019年排行榜跌至第204位。大连金玛商城企业集团股份有限公司2019年排行榜处于第438位，行业是商务服务业。作为省会城市的沈阳，只有1家企业入选，即辽宁禾丰牧业股份有限公司（行业：农副食品加工业），2017年位于第267位，2018年上升到243位。

表1　近年中国民营企业500强榜部分统计

	辽宁	浙江	江苏	山东	广东
2018年	6	93	86	73	60
2019年	10	91	83	61	57
2020年	8	96	90	52	58

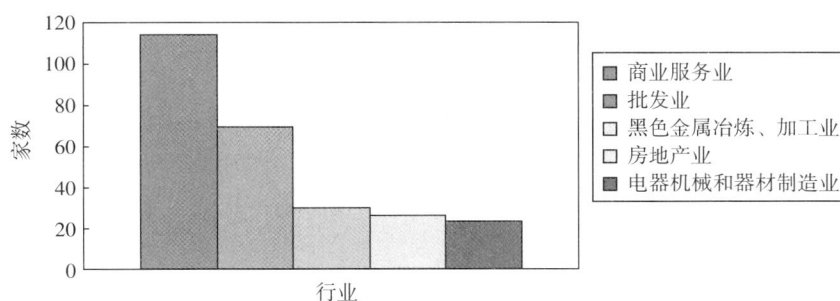

图1　2019年民营企业500强前五行业统计

在2019年新上榜企业中，福佳集团有限公司（化学原料和化学制品制造业）位于第182位，五矿营口中板有限责任公司（行业：黑色金属冶炼和压延加工业）位于第341位，辽宁宝来生物能源有限公司（行业：石油加工、炼焦和核燃料加工业）位于第383位，盘锦浩业化工有限公司（行业：石油加工、炼焦和核燃料加工业）位于第385位。

3.2 沈阳民营企业在智能化转型方面存在诸多瓶颈因素

虽然沈阳发布了《沈阳市新一代人工智能发展规划三年行动计划（2018—2020年）》，采取了一些具体举措，取得了一些成效，但与国外和国内新一代人工智能产业发展较好的国家和地区相比，沈阳还存在着一些明显的瓶颈因素。

沈阳市新一代智能产业创新能力和生产能力还存在差距。在新一代人工智能产业领域，沈阳骨干科研机构和骨干企业明显数量少、体量小。比较大的创新研发平台有国家机器人创新中心、中科院自动化所等。比较大的龙头企业有新松、东软等。

沈阳市经济中，人工智能与实体经济尚未达到深度融合。2019年10月，笔者对沈阳化工园区的三家企业进行了调研，第一家企业是医药化工企业，作为流程工业，由于技术设备、工艺流程很难修改，所以其智能化主要是对一些核心部件进行了更新，完成了工艺流程局部智能化，运用智能化实现飞跃的效果有限；第二家为添加剂生产企业，未进行工业互联网改造；第三家是橡胶园区企业，二期厂房正在建设中，进行了工业互联网改造和智能化改造，在相同生产能力下，用工数量将减少一半。

在新一代人工智能"串联"领域，沈阳市企业普遍"缺心少脑"，对智能化的理解存在一定偏颇。少部分大中型企业（主要是上市公司及上市公司在辽宁的分公司）对工业互联网的运用初见成效；而一些小微企业，甚至将更新关键设备、采用互联网办公视为智能化。由于技术设备、工艺流程等方面的路径依赖，沈阳市传统企业对老旧工厂进行智能化改造存在策划、可行性研究、资金、风险等诸多方面的难题，整合传统IT业务系统存在难度，员工缺乏智能化"软"技能，很难选择到合适的智能化合作伙伴等。

4 促进我市新一代人工智能引领民营经济发展的建议

对于"十四五"时期沈阳市新一代人工智能引领民营经济发展这一问题，建议超前规划，强力推进。

4.1 超前规划

在我市"十四五"规划中，提出改造升级"老字号"，培育壮大"新字号"，以及推进产业链创新等改革举措中，均将提升人工智能水平作为重要措施手段，因此我市应在"十四五"期间进行进一步深入研究，出台具体实施细则，以政策引领，促进我市新一代人工智能快速普及和应用，引领民营经济发展。

同时要注重相关政策的协调性及实际效果。应对每一项政策的实际效果进行科学评价。通现梳理我市人工智能领域民营企业与人工智能"串联"的政策期待，跟踪调查和评价相关政策的协调性及实际效果，在保证政策连续性的基础上，对政策进行调整，以纠偏和适应"十四五"时期我市人工智能产业的实际发展需求。

4.2 强力推进

首先，支持新一代信息技术产业自身发展。加强对高校、科研院所相关研究的专项资助力度，鼓励现有企业加强研发和生产。加大招商力度，争取国际国内相关企业在沈阳建立分支机构或者分厂。扶持本地企业做强做大。支持和延展新一代信息技术产业链。

其次，强力支持新一代信息技术与沈阳市第一、二、三产业的融合。尤其是支持沈阳市流程工业实行技术和设备改造，争取在新一轮技术革命中，实现沈阳市工业的腾笼换鸟。

再次，推广新一代人工智能在社会各领域的应用，以实际需求带动其发展。本着以人为本的发展理念，从改善民生和为人民创造美好生活的需要出发，推动在人们日常工作、学习、生活中多维度、多领域推广运用人工智能，创造更加智能的工作方式和生活方式。通过在教育、医疗、交通、助残养老、家政服务、社会治理、公共安全等领域的应用，可以对人工智能相关产业发展起到引领作用，并推动人工智能在其他产业发挥串联作用。

最后，加大对沈阳市人工智能领域优秀人才的培养力度。人工智能应该成为人才培养的一个新维度，也应逐渐成为提高教学质量的一个新工具。鼓励高校和职业院校开设人工智能专业。

参考文献

［1］ 中共沈阳市委.沈阳市人民政府门户网站.中共沈阳市委 沈阳市人民政府关于沈阳市进一步促进民营经济发展的若干意见［EB/OL］.［2019-02-01］.http://www.shenyang.gov.cn/html/SY/201905/155876299304748.html.

［2］ 钟义信.高等人工智能原理:观念·方法·模型·理论［M］.北京:科学出版社.2015:46-47.

［3］ 曹静,周亚林.人工智能对经济的影响研究进展［J］.经济学动态,2018(1):103-115.

［4］ 张云纯,张冰,董宏伟.迎接人工智能大潮［J］.中国电信业,2019(5):10-12.

［5］ 张鑫,王明辉.中国人工智能发展态势及其促进策略［J］.改革,2019(9):31-44.

社 会 治 理

"脱真贫、真脱贫"的实践意义

——以成平满族乡为例

陈传宇

沈阳化工大学

摘　要：以辽宁省西丰县成平满族乡为研究对象，对成平满族乡贫困识别标准、扶贫政策和措施进行了深入的分析和研究。研究结果表明，成平满族乡的脱贫攻坚工作是成功且真实有效的，从而证明习近平总书记提出的"脱真贫"和"真脱贫"的要求具有重大实践意义。首先对脱贫攻坚的背景和成平满族乡进行了简单介绍；其次，对成平满族乡贫困村和贫困户的识别标准进行了阐述；再次，系统地分析了有关扶贫政策、措施和成效；最后进行总结。

关键词："脱真贫、真脱贫"；实践意义；成平满族乡

引　言

脱贫攻坚作为一项国策，近些年来，从上至下，备受重视和关注。2013年11月，习近平总书记在湖南湘西十八洞村考察时，提出"精准扶贫"这一理念。2015年，党的十八届五中全会进一步提出全面实施精准扶贫、精准脱贫政策。2017年，习近平总书记在党的十九大报告中对打赢脱贫攻坚战作出部署，明确指出："确保到2020年，我国现行标准下农村贫困人口实现脱贫，贫困县全部摘帽，解决区域性整体贫困，做到脱真贫、真脱贫。"[1]

中国脱贫攻坚的近期目标就是到2020年底前消除绝对贫困；中期目标是在消除绝对贫困后巩固脱贫攻坚成果，防止贫困的反弹；远期目标是实现脱贫成果的长久稳定并不断拓展成果。[2]可以说，2020年是中国脱贫攻坚的决战决胜之年，也是中国全面建成小康社会的关键之年。

2020年底，成平满族乡已全部实现脱贫。本文以成平满族乡为研究对象，对贫困村和贫困户的识别标准、扶贫政策和措施进行深入的分析和研究。研究结果表明，成平满族乡的脱贫攻坚工作是成功且真实有效的，从而证明总书记提出的"脱真贫"和"真脱贫"的要求具有重大实践意义。

1　成平满族乡

成平满族乡地处辽宁省铁岭市西丰县西南部，与开原市和铁岭市清河区交界，距县城约36千米。辖10个行政村、32个自然屯、62个村民组，总人口约13300人，以满族为主。区域面积约1.47万公顷，其中耕地0.25万公顷，林地约1.077万公顷。社会总产值2.54亿元，乡财政收入89万元，农民年人均纯收入10215元。

成平满族乡地势东高西低，地貌以低矮丘陵为主，是典型山区农业乡。主要经济作物是玉米、

榛子、柞蚕和果树等。其中，尤以榛子出名，成平满族乡是铁岭市乃至辽宁省名副其实的"榛子之乡"。

2 贫困识别标准

成平乡对贫困村和贫困户的识别是有一套标准的，并按照标准严格执行。

2.1 贫困村的识别标准

贫困村的识别标准按照"一率四有三通"来执行。"一率"指综合贫困发生率；"四有"指有安全饮用水、有村集体经济收入和新型农业经营主体、有村卫生室、有综合文化服务中心；"三通"指通生活用电、通广播电视和网络宽带、通沥青路或水泥路。未达到以上标准，即可视该村为贫困村。

按照上述标准，全乡除了石祥、中和、景贤村外，成平、兴德、石城、凤楼、铜台、东城和会英七个村都被识别为贫困村。但无论是否为贫困村，每个村都有人数不等的建档立卡贫困户，多则一二百户，少则五六十户。

2.2 贫困户的识别标准

贫困户的识别，以实事求是为原则，以"一超过"为参考依据，即农户家庭年人均纯收入是否超过国家扶贫标准。以是否解决"两不愁、三保障"和饮水安全为主要依据。

"两不愁"：不愁吃，贫困户有能力通过自产或自购，满足口粮需求，并定期食用一定量的肉、蛋、奶或豆制品等有营养的食物；不愁穿，贫困户有能力购买衣物或通过亲友和社会捐助，做到有日常换洗衣物，特别要有能过冬的棉衣、棉被。

"三保障"：住房安全有保障，现居住房屋达到住建部的A、B级标准（非C、D级危房）。无自有安全住房的，可居住子女家、亲友家、敬老院或租住安全住房。基本医疗有保障，家庭成员全部参加新型农村合作医疗、大病保险，重特大疾病可得到医疗救助。义务教育有保障，适龄儿童、少年没有因贫辍学或不能入学。

饮水安全：有充足、干净、无异味儿的生活饮用水。

成平满族乡建档立卡工作基础完备，识别精准。2014年，按照西丰县扶贫办要求，成平满族乡开展贫困户识别及建档立卡工作。通过村民代表会议推选、评议、公示，确定建档立卡人口3150人，并录入系统。2015年，经建档立卡"回头看"，按照相关要求对建档立卡户重新进行核实，确定建档立卡人口为2615人。2016年初，再次"回头看"，经村民评议、公示，对2015年度扶贫对象信息采集工作进行再核实，最终确定扶贫对象1032户2791人。

成平满族乡对贫困村和贫困户的纳入严格按照标准执行，并多次开展"回头看"工作，做到识别精准，这为"脱真贫、真脱贫"打下了坚实的基础。

3 扶贫政策和措施研究

成平满族乡结合实际情况，细化精准扶贫政策和措施，做到项目优先安排、工作优先对接、资金优先保障、措施优先落实，全面实施"五个一批""六个精准"，实现贫困人口真正脱贫。

3.1　基础设施方面

成平满族乡大力实施基础设施建设扶贫，利用国债资金等项目资金，完成了平铜线、中新线等扶贫道路建设，对会英、东城等贫困村的道路进行了维修养护。目前，各村的主路都已硬覆盖，实现了村村通，绝大部分巷道也都硬化完毕，实现了户户通。

各村已全部接通生活用电、广播电视和网络宽带，每个村都建有卫生室。成平满族乡努力加强村级文化服务中心建设，稳步推进公共文化服务体系发展。每个村都建有文化活动服务中心，包括图书室、棋牌室、乒乓球案子等文体设施。每个村都至少建有一个文化广场，配有健身器材。

3.2　"五个一批"实施情况

"五个一批"是指产业就业扶持脱贫一批、医疗救助脱贫一批、危房改造脱贫一批、发展教育脱贫一批、社会保障兜底一批。

3.2.1　产业扶持

2016—2019年，成平满族乡共落实产业项目10个，投入扶贫产业资金635万元，产生收益40万元。各村用上级拨付的扶贫产业资金建设产业项目，如建冷棚、养殖场、入股企业等，做到了村村有产业，产业全覆盖。产业项目年收益在7%左右，用于给贫困户脱贫及壮大村集体经济。[3]

2020年，成平满族乡建设中和水库度假村生态观光农业项目，预计每年实现收入175万元，可满足全乡贫困人口产业收益全覆盖。项目可为贫困户提供100余个工作岗位，每日用工40余人；还可为贫困户提供农业技术支持，拓宽农产品销售渠道，提高贫困户收入。

2020年，全乡还开展了入户产业项目。扶贫部门和帮扶单位给贫困户购买家禽幼雏，待家禽养大后，肉、蛋等销售收入全部归贫困户，用于提高家庭收入。村两委负责定期统计、上报各户的饲养情况，并为有需要的贫困户及时提供帮助。

3.2.2　就业扶持

成平满族乡大力实施培训及就业安置。一是积极开展种植、养殖等实用农村技能培训。累计集中培训6次，培训人员700余人次。二是依托扶贫产业，如景贤村平榛榛子专业合作社、凤楼村富达养殖场等，发展一批从事种植、养殖的贫困户，就业人员达到50余人。三是通过县就业局扶持一批贫困户持证上岗，现有25户贫困家庭人员在乡里从事公益岗工作，每月领取补助。四是为贫困户提供就业信息。

3.2.3　医疗保障扶持

实现全乡农村贫困人口医疗保障全覆盖。将贫困人口全部纳入基本医疗保险、大病保险、医疗救助保障范围。对低保户、五保户、优抚户、孤儿等，全额补贴新农合个人缴费部分，共280元；对普通建档立卡贫困人口给予每人补贴100元。同时，铁岭市还为建档立卡户投了"健康保"，看病自费部分由保险补贴。此外，实施推进大病专项救治工作和家庭医生签约服务。

3.2.4　危房改造扶持

与城建部门联合完成建档立卡贫困户C、D级危房鉴定及改造工作，做到应建必建，应修必修。

累计完成C级268户、D级93户。C级为屋顶塌陷等需要局部较大维修的，每户补助1万元；D级为土坯房等需要翻建的，每户补助3万元。2020年还有四方面维修政策，即若有门窗破损较重、室内间墙开裂、电线老化等情况，每户补助维修款5000元。

3.2.5　教育扶持

对全乡建档立卡贫困家庭学生逐一登记造册，建立乡、校两级教育扶贫管理档案，实施动态监管，保证适龄儿童、少年没有因贫辍学或不能入学。在落实中小学"两免一补"政策基础上，再免校服费、伙食费。贫困家庭有在高职院校读书的学生的，可享受"雨露计划"。

3.2.6　社会保障扶持

对在享受相关扶贫政策和措施后仍未脱贫的，联合民政部门，通过最低生活保障（低保）进行兜底，每月为其发放最低生活保障金。成平满族乡精准实施农村低保和农村特困人员供养制度，做好农村低保制度和扶贫政策有效衔接，实现保障对象"双纳入"、应保尽保不遗漏。

3.3　"六个精准"执行情况

"六个精准"是指扶贫对象精准、措施到户精准、项目安排精准、资金使用精准、因村派人精准、脱贫成效精准。

3.3.1　扶贫对象精准

成平满族乡自2014年开展脱贫攻坚工作以来，识别贫困户人口工作经过多次反复"回头看"，尤其是几次大型的动态调整，已经达到了识别人口精准、确定扶贫对象精准、做到应纳尽纳、应出必出。

3.3.2　措施到户精准

针对贫困户不同的致贫原因，采取相应的帮扶措施。每个贫困户家中都有一本扶贫手册，上面详细记载了该户每年享受到的扶贫措施及取得的成效。乡机关包村干部、村两委班子、驻村帮扶干部等，为建档立卡贫困户制定脱贫路线图，多次入户宣传扶贫政策、核实相关情况，一对一扶真贫，保证措施到户精准。

3.3.3　项目安排精准

成平满族乡从实际情况出发，发展养殖业、中草药、榛子等特色扶贫产业。各村也因地制宜，用产业扶贫资金开发了适合本村的产业项目，从根本上确定了项目的精准安排。全乡基本上每户建档立卡贫困户都享受到了产业项目收益和入户产业扶持。

3.3.4　资金使用精准

在扶贫资金的管理上，做到了资金使用精准。扶贫资金被用于冷棚和养殖场建设等11个扶贫产业项目。在第三方审计和督查检查中，发现问题，立即整改，力争做到资金使用合理、精准无误。

3.3.5 因村派人精准

成平满族乡制定了脱贫攻坚实施方案，召开脱贫攻坚大会，落实领导组织、工作措施和包扶责任。每一个脱贫户都有包扶责任人。由机关干部、驻村第一书记、驻村工作队和村干部组成的117名管理人员对所有贫困户实行"承包式"网格化管理，尤其是最后的四户未脱贫户，由乡党委书记和乡长亲自包保，详细制订脱贫计划，保证脱贫路上不落一人。

几年来，派驻到成平满族乡的十余个驻村工作队和13名省市县三级选派干部，都做到了因村派人精准。大家把扶贫工作放在首位，充分利用派驻单位和自身资源，为乡村争取资金、物资和项目，谋划产业发展，为贫困户办实事，不定期开展慰问和捐助活动等，一直辛勤奉献在脱贫攻坚的岗位上。

3.3.6 脱贫成效精准

2015年，成平满族乡实际脱贫人口370人。2016年，完成脱贫人口517人，铜台村脱贫摘帽。2017年，完成脱贫人口731人，东城村和石城村脱贫销号。2018年，脱贫646人，脱贫摘帽村三个：凤楼村、兴德村和成平村。2019年，全乡脱贫426人，会英村脱贫销号。2020年，全乡仅余的4户贫困户共12人，也顺利脱贫。至此，成平满族乡全部贫困人口都已成功脱贫。[3]

2019年，笔者带领学生到成平满族乡建档立卡贫困户家中调研，经统计和分析得出如下数据：100%的贫困户都能够达到不愁吃、不愁穿；13.9%的贫困家庭有处于义务教育年龄段的学生，100%能够受到义务教育；99.4%的贫困户均已加入新农合，医疗保障已基本覆盖到所有的贫困户；90.2%的危房贫困户的危房均已得到维修或重建，其余9.8%的危房户的危房正处于维修或重建中，2020年底前全部完工。[4]

满意度方面，贫困户对政府的扶贫工作十分认可，满意度为96%。"第一书记"的工作完成得非常出色，受到了贫困户的广泛认可和赞扬，满意度更是高达99.3%。贫困户对脱贫政策和措施的满意度较高，总体满意度为92.2%。其中，对产业扶贫的满意度几乎是100%，对基础设施建设的满意度为94.5%，对危房改造的满意度为92%，对医疗保障的满意度为89.7%。住院医疗费报销等待时间长、报销程序不简便、新农合暂不能异地使用等，都降低了贫困户对医疗保障政策的满意度。[5]这也是有待解决的问题。总的来看，成平满族乡建档立卡贫困户对脱贫攻坚工作各方面的满意度都很高，这也从侧面说明了脱贫成效的精准。

成平满族乡坚持精准扶贫、精准脱贫，通过党建引领、用活政策和措施、突出特色，走出了一条成功的脱贫攻坚之路。虽然还存在个别问题和困难之处，但是有理由相信未来会更好！

4 总　结

成平满族乡按照"精准扶贫、精准脱贫、不落一人"的总体要求，严格执行"五个一批""六个精准"，把贫困人口与脱贫措施对号入座，对建档立卡户进行精准帮扶，使贫困家庭最终达到"一超过、两不愁、三保障"等标准，从而实现真正脱贫，百姓对脱贫工作的满意度非常高。

成平满族乡的脱贫工作不是一蹴而就的，更没有搞运动式、突击式、急加速式的脱贫。而是脚踏实地，稳扎稳打，参照脱贫路线图一步步、一年年、一批批，逐年减贫、销号，严把质量关，确保"脱真贫"和"真脱贫"，最终胜利实现了全部贫困村销号，全部贫困人口脱贫。

可以说，成平满族乡的脱贫攻坚工作是卓有成效的，真正做到了习近平总书记要求的"脱真贫"和"真脱贫"。"脱真贫"和"真脱贫"在中国的脱贫工作中有着极强的操作性和巨大的实践意义，为中国脱贫攻坚工作指明了方向、提出了基本而又具体的要求。即扶贫工作不能弄虚作假，必须求真务实，各级政府应努力帮助脱贫百姓贫困致富，过上幸福生活。

参考文献

[1] 习近平.决胜全面建成小康社会 夺取新时代中国特色社会主义伟大胜利：在中国共产党第十九次全国代表大会上的报告[M].北京：人民出版社，2017.

[2] 苑智.党的十八大以来脱贫攻坚的伟大成就与基本经验研究[D].天津：天津理工大学，2021.

[3] 曲国哲.成平满族乡政府工作报告[R].成平满族乡政府，2021.

[4] 张焱，陈传宇.辽宁省西丰县成平满族乡建档立卡贫困户脱贫现状研究[J].农民致富之友，2020，03，中旬刊：230-231.

[5] 陈传宇，张焱.辽宁省西丰县成平满族乡建档立卡贫困户脱贫满意度研究[J].农村经济与科技，2020，31(7)：232-234.

应对老龄化视域下社区
"体医融合"推进举措研究

刘学鹏　唐　凯

沈阳化工大学体育部

摘　要： 随着我国老龄化的加速发展，相关的健康问题产生了巨大的体育需求，"体医融合"的关注程度也随之增加。本研究在查阅相关文献的基础上，总结了体医融合发展演进的过程，结合社区养老与体医融合特点，剖析了社区体医融合养老模式的开展背景，并以特色化为切入点，从制度、政策、方式和人才培养四个方面提出了相关的推进举措，以期为加快我国社区体医融合养老服务的进程提供参考。

关键词： 中国特色；老龄化；体医融合；社区养老

引　言

　　经过改革开放40多年的探索与奋斗，中国成功地走出了一条独具特色的发展道路。无论是经济发展还是科技进步，都取得了辉煌的成就和丰硕的成果，人们生活质量和水平也得到了大幅提升，与此相对应还有人口数量与结构的变化。早在2010年第六次全国人口普查结果中，我国60岁及以上人口比重就达到了总人口的13.26%，65岁及以上人口的比重也达到了8.87%[1]。联合国发布的《2019年世界人口展望》也指出：到2050年，65岁以上人口占世界总人口的比例还将由2019年的9%上升到16%，我国的老龄化程度更是将高达26.7%[2]。人口老龄化问题已经成为关系到经济和社会发展的全球性重大社会问题。针对我国人口老龄化的形势，中共中央、国务院于2019年印发了《国家积极应对人口老龄化中长期规划》，成为我国积极应对人口老龄化的战略性、综合性、指导性文件[3]。

　　从2020年到2050年，中国开始迈进从全面小康到全面现代化的进程，这是实现人的全面发展和社会全面进步的新时代，也将是推进国家治理体系和治理能力现代化的新时代。在对人口老龄化形势以及面临的挑战和机遇作出科学判断的基础上，有效应对快速老龄化与健康中国建设之间的矛盾，迫切需要探索具有中国特色的积极应对人口老龄化的道路。在城市化水平快速发展的今天，以社区为单位的活动日渐丰富，社区体育更是发展得如火如荼。结合体育这一重要的非医疗干预手段在主动获取健康方面的功效，探索"体医融合"在社区老龄化应对中的推进举措，对于深化中国特色应对老龄化的路径将具有重要价值。

1 "体医融合"理念释义与发展演进

"体医融合"研究之初也被称作"体医结合"，作为当前特定的概念被提出的时间并不长，在《"健康中国2030"规划纲要》中作为公共服务和健康服务体系建设的重要部分，其内涵也变得更加丰富。对于"体医融合"的概念理解，根据研究者视角的不同也存在着大同小异。"体医融合"的理念主要是指在政策引导下，政府部门有效整合体育系统和医疗卫生系统的有形资源和无形资源，通过广大人民群众的广泛参与，达到增强人民体质、提高人民健康目的水平目的的服务模式和服务过程[4]。

其实，早在中国古代就不乏两者结合的实例，许多的体育内容甚至都是身体练习与医疗结合的产物。长沙马王堆汉墓出土的《导引图》中就有关于体操中基本动作的记载。华佗在庄子《二禽戏》的基础上，创编的我国传统导引养生方法"五禽戏"，已被国务院第三批国家级非物质文化遗产所收录。北宋时就已流传于世的传统医学瑰宝八段锦，如今仍被人们用作身体练习的手段。德国著名运动康复专家约瑟夫·普拉提创立的以加强肌肉力量、提高身体柔韧性和协调能力、改善姿态的普拉提运动，也是重要的实例。可见，传统身体练习内容很早就作为医疗康复的手段出现在人们的生活中。

社会的发展使生产生活方式随之转变，人们生活质量提升的同时也带来许多的健康隐患，尤其是体力活动的下降成为许多慢性病产生的重要根源。随着世界卫生与健康革命的不断深入，面对健康危机产生的社会问题，体育在人类健康干预中的作用日渐凸显。美国卫生与公共服务部（HHS）在1980年就将运动正式纳入健康管理体系，开始实施国家健康战略。同年，美国政府首次颁布的《健康公民计划1990》，又把体力活动作为健康促进的重要方式[5]。2016年8月，习近平主席在全国卫生与健康大会上指出要"推进全民健身与全民健康深度融合"。同年10月，中共中央、国务院印发的《"健康中国2030"规划纲要》，专门对完善全民健身公共服务体系，推动体医融合提出了明确要求[6]。可见，随着社会发展的需求，身体活动与医疗健康的融合已经上升到新的层面，身体练习也上升到与医疗同等的高度，体医融合也成为落实未来健康中国的重要途径。

2 社区"体医融合"养老模式的开展背景

2.1 社区体育公共服务需求的增加

我国社区体育主要是在人们共同生活的一定区域内，以辖区的自然环境和体育设施为物质基础，以全体社区成员为主体，以满足社区成员的体育需求、增进社区成员的身心健康、巩固和发展社区情感为主要的目的，就近、就便开展的区域性群众体育[7]。就社区体育的功能而言，不仅可以通过丰富多彩的社区体育活动内容，吸引和促进社区成员参与体育活动，丰富余暇时间，而且通过社区成员之间的情感体验和关怀交流，能够提升对健康生活内容和观念的认识，无形中就取得了很好的宣传效果。可见，社区体育与人们生活联系的紧密性。

依据马斯洛需求层次理论，人的需求可划分为不同层次，当低层次的需求得到满足之后会追求更高级的、社会化程度更高的需求。随着生活水平的不断提高，人们的需求层次也在不断提升与丰富，健康意识的提升带动了健康服务需求的不断增长，再加上当前城市化水平和新农村建设的不断推进，以社区为单位的居住形式更趋集中和完善，健康服务供给总体不足与需求不断增长之间的矛盾凸显，社区体育公共服务体系的科学性、针对性都亟待完善。

2.2 积极应对人口老龄化的需要

我国是世界上老年人口最多的国家，尤其是像我国这种快速进入老龄化的情况，因为老龄人口增长速度过快，再加上社会资源的提前配置应对不足，更加剧了医疗服务与养老服务资源的双重紧缺，暴露出养老服务体系完善等方面的问题。我国人口老龄化的快速发展引起了政府和社会的强烈关注，党的十八大就提出了"积极应对人口老龄化，大力发展老龄服务事业和产业"的号召，2019年,中共中央、国务院印发的《国家积极应对人口老龄化中长期规划》，为我国积极应对人口老龄化指明了方向。在国家积极应对人口老龄化的相关要求与号召下，各个领域也应该结合自身功能，提出应对老龄化的创新性举措，为有效维护国家安全和社会和谐稳定、促进经济和社会的良好发展保驾护航。

《"健康中国2030"规划纲要》对促进健康老龄化和加强非医疗健康干预都作了重点要求。加强对健康的干预，体育是最为行之有效的手段。它不仅可以主动促进健康，更具有医疗所不具有的愉悦的心理感受，这也是老年人生活不可或缺的。"体医融合"无疑是取长补短、充分发挥两者在养老领域配合的重要形式，对于促进健康老龄化的发展意义重大。

2.3 健康老龄化对养老模式多样化的需求

随着社会的进步，健康的概念已不再仅仅局限于没有疾病。世界卫生组织对健康的最新定义，就包括了躯体健康、心理健康、社会适应良好、道德健康四个方面。对于健康老龄化的工作而言，也不能仅仅着眼于老年人没有疾病，而应由被动的治疗转化为主动地预防疾病、积极地获取健康这一层面，不断提升老年的人生命品质，这才是促进健康老龄化的正确打开方式。

传统单一性的养老模式多以治疗和预防为主，而缺少非医疗的干预手段，针对一些老年慢性疾病，传统的医疗手段也极其有限。从我国现阶段的国情来看，家庭养老与社区养老缺少相应的互补整合。在深度老龄化时期，无论是对医疗还是疾病预防，财力和人力的支持都是巨大的支出，国民医疗保健费用急剧增长，成为亟待解决的社会问题，这也对传统养老模式提出了新的挑战。有国外研究证实，1美元健身步道的投入相当于2.94美元的医疗投入，1美元体育活动的投入相当于10美元的疾病预防投入或100美元的疾病治疗投入[8]。"体医融合"的养老模式具有更大的投入与产出效果，而且在当前老年人全方位的养老需求下，也更需要多样化的养老模式予以支撑，这也是养老服务体系完善的需求。

3 特色化社区"体医融合"养老模式推进举措

3.1 制度特色：发挥体制优势，强化政府部门引导

近些年，无论是重大自然灾害的应对，还是突发公共卫生事件的防控，都充分体现出我国的体制优势。在人口老龄化的应对上，也应立足于我国的体制优势，充分发挥政府部门的职能及引导作用。无论是体医结合的模式写进《"健康中国2030"规划纲要》，成为未来工作的方向与重点，还是《国家积极应对人口老龄化中长期规划》的印发，都为我国应对老龄化定准了基调。这些政策法规的

出台，充分体现了政府引导的价值，加强特色化社区"体医融合"养老模式的推进，充分发挥政府的引导作用必不可少。

首先，要依法确定政府在完善体医融合领域公共服务体系方面的职责，制定社区相关服务体系配置的硬性指标，加强社区与经营性场所的多种合作机制，解决推行过程中体育场地设施、群众性体育健身指导以及体质监测等资源问题。其次，督促各职能部门和地方政府创新具体实践举措，出台相应的实施方案与细则。国家可以在部分地区进行试点，对卓有成效的创新性养老服务举措进行推广。在社区工作中，注重提升居民对"运动是良医""体育前置"等理念的认识，发布慢性疾病体育促进活动指南，让"体医融合"切实体现在行动中。

3.2 政策特色：加强对体医融合养老服务事业和产业的扶持

老年人作为社会弱势群体，本身消费意识就落后于年轻群体，在许多服务领域往往是被忽视的。随着健身意识的提升，有些老年人对于场地的需求不再局限于广场、公园等场所，但商业性的健身场所把目标人群多定位为年轻人，嘈杂的环境甚至是别人异样的眼光让很多老年人望而却步。

要充分发挥相关职能部门对体医融合养老服务事业和产业的扶持，积聚社会力量破除养老产业发展障碍。尤其是要把握老年人群心理和需求特征，创新符合老年人群特征的服务内容，如专门的老年人活动区域、更适合老年人的器械、针对老年人的运动处方制定等，让老年人享受到更好的针对性的服务内容。有条件的社区可设立老年人健康咨询站点，或者是政府购买相关的社会服务，制定社区组织与多领域的通力合作，定期对社区内老年人的身体健康进行检测，根据身体机能、身体素质、疾病状况制定针对性的运动处方并建立健康档案。通过扶持与引导，加快服务体系的完善，切实提高老年人的生活质量。

3.3 方式特色：注重民族传统体育与养生内容的运用

在我国悠久的历史发展长河中，孕育出许多优秀的民族传统文化，民族传统体育作为中华民族传统文化的一部分，是在长期的生产劳动和身体活动中凝练出的瑰宝和精髓。相比于现代的健身方式，民族传统体育内容多集导引、气功、武术、医理于一体，其锻炼方法也与传统养生学密切相关，迎合了当前老年人群的生活观。随着身体机能各项指标的下降，老年群体无论是心理需求的侧重，还是在实际锻炼内容的选择上，都更倾向于简单、舒缓、强度可控的锻炼内容，这正与民族传统体育内容的特点相吻合。

在体育健身方式的选择上注重发挥民族传统体育项目在老年人身心健康发展中的作用，积极引导老年人把民族传统体育项目运动作为健身的手段，不仅可以促进民族传统体育项目和内容在现代社会发展中找到良性传承的特色化道路，也为民族传统体育的发展带来新的方向与活力。

3.4 人才培养特色：加强体育科学与医学领域合作

进入老年阶段后，身体机能的下降成为必然，参与锻炼的科学性与合理性尤为重要。就相关人才需求来看，医疗诊断、运动康复、体育健身指导等内容都是体医结合所必需的，对于单一学科本就短缺的现状来说，复合型人才更是捉襟见肘。所以，进一步推进体医结合养老模式的深入所需人才的培养须需完善。

相关医学院校和体育院校可以利用各自的优势，联合培养相关复合型专业人才，共享相应师资与课程，在与之相对应的社会体育指导、护理等专业课程中，加强针对老年人的健身指导内容，以适应当前社会发展的需要。与此同时，体育与医学机构可以共同组织一些公益性的社会活动，为社区老年人提供相应的诊疗检测及运动处方、体育技能的服务活动。在针对老年慢性病的运动处方中，探寻中医药养生与体育锻炼内容的结合等。

4　结　语

体医融合是新时代健康中国建设的重要举措，结合社区优势与养老服务需求于一体的推进举措，是顺应国家关于积极应对人口老龄化和健康老龄化思想与要求的具体行动体现。在新时代发展形势下，要继续从我国的基本国情实际出发，更好地满足老年人多样化的服务需求，建设体现时代性、富有创造性的中国特色养老服务体系，逐步形成以预防干预为主、主动获取健康的健康老龄化理念，不断满足老年人群体对健康幸福生活的追求。

参考文献

［1］ 2010年第六次全国人口普查主要数据公报［R］.北京:中华人民共和国国家统计局,2010.

［2］ World Population Prospects 2019. https://population.un.org/wpp/.

［3］ 新华社.国家积极应对人口老龄化中长期规划［Z］.2019-11-21.

［4］ 于洪军,冯晓露,仇军.“健康中国”建设视角下“体医融合”研究的进展［J］.首都体育学院学报,2020,32（6）:484-491.

［5］ 卢元镇.体育社会学［M］.北京:高等教育出版社,2018.

［6］ 中共中央国务院印发“健康中国”规划纲要［N］.人民日报,2016-10-26（01）.

［7］ 卢元镇.社会体育导论［M］.北京:高等教育出版社,2011.

［8］ 卢元镇.全民健身:健康中国的有力支撑［J］.中国卫生,2016（9）:25-26.

不同家庭结构的城市老年人社区居家养老需求分析

吕　娜　陈　燕

沈阳化工大学

摘　要： 中国人口的老龄化问题日渐严重，2020年空巢老人中的单身家庭和夫妇家庭总人口数量达到1.2亿人，解决老年人的养老需求问题成为社会的重要课题。通过分析发现，空巢家庭中的老年人在日常照料和精神慰藉方面得到的满意度要低于非空巢家庭。不同的家庭结构对社区居家养老服务的需求各不相同。采用统计学方法研究不同家庭结构的老年人的现状和他们不同的社区居家养老需求，可以为社区居家养老服务提供参考。

关键词： 家庭结构；城市老年人；社区居家养老需求

引　言

艾媒数据显示：2019年中国老年抚养比（用于表明每100名劳动年龄人口要负担多少名老年人）为19.6%，为11年来最大值[1]。随着老龄化速度的加快和家庭结构的变化，城市中单身家庭和夫妇家庭比例逐渐增多，由此引起的城市老年人的养老问题成为亟待解决的问题，满足城市老年人的各种养老需求成为社会稳定发展的必然要求。

随着年龄的增长，老年人的生理、心理、社会特征都发生了很大的变化。社区居家养老模式是在老年人熟悉的生活社区，把社区服务和居家养老做联合，形成一种新型的精细化养护模式。由于每个家庭结构、每个老人的情况各不相同，老年人对养老的需求不尽相同，家庭能够提供给老年人的养老支持也各不相同。因此，以家庭类型为依据，对城市老年人的社区居家养老需求进行细分，研究养老需求，能够更准确地把握城市社区居家养老现况，为将来更好地提供养老服务提供参考。

家庭结构主要是指家庭成员的组合方式和家庭内部结构，它包括家庭中的人口数、夫妻对数、代际数和家庭类型等[2]。家庭结构变化，家庭的养老功能也有所不同，家庭规模（即人口数和代际数）越大，养老能力也随之全面；家庭规模（即人口数和代际数）变小，养老功能也随之变弱。在核心家庭中，家人可以照料老人的日常生活，提供一定的经济支持和精神慰藉。在单身家庭中，老人只有自己一个人居住，只能自我照顾，这种类型老人的养老需求更为迫切。随着家庭结构的变化，家庭的养老功能必然会受到影响，而研究不同家庭结构的老年人的养老需求也就成为我们必须要做的课题。老年人的社区居家养老需求可划分为生活需求、医疗保健需求、精神慰藉需求、法律援助需求等。

随着人口老龄化的发展，城市家庭结构日益小型化、核心化、空巢化。对城市老年人的家庭结构和社区居家养老的需求进行深入探讨，有助于深入了解城市老年人的家庭结构、养老现状以及养老需求，深化研究家庭结构的不同与社区居家养老服务的关系，为人口养老现状的改善提供理论支持。本文对社区居家养老的 60 岁以上的老年人做了走访和调查，调查方式包括问卷调查和深度访谈。通过进行抽样调查，并进行统计学分析，得出不同家庭结构老年人的养老需求，以期为完善社区居家养老服务提供参考依据，不断完善社会养老保障制度。

1 调查设计

1.1 调查目的

2020 年，社区居家养老是中国城市养老中主流的养老方式。不同家庭结构的老人情况各不相同，导致社区养老和居家养老的老年人的需求不尽相同，家庭能够提供给老年人各种需求（物质需求、精神需求、医疗卫生、社会参与需求、抚养需求等）的支持也各不相同，单纯凭借家庭照顾及社区日间照料中心的工作人员照顾，难以满足老年人的养老需求[3]。而分析不同家庭结构城市老年人的养老生活质量及养老需求，能够对家庭结构不同的城市老年人开展更有指向性的养老服务，提高城市老年人的生活质量。

1.2 目标总体

2020 年，沈阳市 60 岁以上户籍人口占总人口的 23.7%，达到 173.5 万人，养老需求旺盛，人口老龄化程度比较具有代表性。因此，在研究对象的选择上，以辽宁省沈阳市为研究重点，选择的老年人来自不同的家庭结构，但相同点是他们都选择了社区居家养老作为自身的养老方式。本文拟对在沈阳市居住的来自不同家庭结构的社区居家养老人群进行养老需求调查。

家庭结构的组成主要包括两方面因素：家庭人口因素和家庭模式因素。由于本文研究的样本有限，并没有收集到姊妹兄弟和父母同住的联合家庭，因此本研究中将家庭结构划分为主干家庭、夫妇家庭、单身家庭。其中主干家庭的成员组成为父母和子女辈同住，家里除了有老人外，还有老人的子女孙辈也能照料老人的日常起居等；而家中只有老两口或者老人自己的空巢家庭，由于家中无人能够长时间照顾，更加需要生活照顾上的帮助。单身家庭和夫妇家庭统称为空巢家庭。

1.3 调查方式

本次调查的重点是在老龄化日趋严重的情况下，对沈阳市的老年人进行养老需求调查，采取抽样调查和深度访谈相结合的方法，随机抽取了和平、铁西、皇姑、大东、沈河五个市辖区中的社区居家养老的 60 岁以上的老人，进行了养老需求及其影响因素的调查，本项目在进行正式调研前，先以和平区的老年人为对象进行预调研，根据调研对象的反馈和意见，对调查问卷进行了客观的调整，调整过后，调查问卷更加真实有效。调查时间为 2019 年 12 月至 2020 年 5 月，发放调查问卷 700份，有效回收问卷 610 份，问卷名称为"城市社区居家养老需求调查问卷"，从每户家中有老人的家庭中抽取一位老人进行调查。运用描述统计、相关分析等统计学方法对录入整理回收的问卷数据进行分析。

定性资料的收集运用深度访谈法，在以上辖区采用入户面访和街头拦截的方式做了 20 份社区居家养老的老年人养老访谈记录。

1.4 背景变量及分析变量

本次问卷共设置了31个问题，包含6个背景变量，根据问题的调查结果能够产生可用的分析变量。背景变量包括年龄、性别、受教育程度、家庭收入状况、家庭结构等。分析变量包括生活能否自理、由谁来照料日常生活、日常饮食问题、日常清洁问题以及目前所患有的疾病、日常对于社区居家养老的需求等各种问题[4]。问卷涉及问题比较全面，可以比较全面地调查城市老年人社区居家养老需求，为老年人养老服务提供一定的参考。

2 调查结果与调查分析

2.1 不同家庭结构老年人的现状

从表1可以看出，城市家庭和农村家庭的家庭结构有着很大的不同。通过调查得知，城市家庭尤其是已婚子女需要家庭成员之间的距离感，所以已婚后和父母同住的情况明显少于农村。而60岁以上的老人，子女大多数已婚，因此主干家庭在老年人所在的家庭结构中所占比例较低，仅为29.5%；而单身家庭和夫妇家庭分别占到24.6%和45.9%（见表1）。

表1　调查样本的家庭结构类型分布表

家庭结构	家庭数量/户数	比例
单身家庭	150	24.6%
夫妇家庭	280	45.9%
主干家庭	180	29.5%
合计	610	100.0%

表2　不同家庭结构的家庭月收入状况表　　　　　　　　　　　%

家庭月收入状况	家庭结构			合计
	单身家庭	夫妇家庭	主干家庭	
3000元以下	11.5	0	0	11.5
3000～5000元	13.1	1.6	0	14.7
5000～8000元	0	13.1	3.3	16.4
8000～10000元	0	19.7	1.6	21.3
10000元以上	0	11.5	24.6	36.1
合计	24.6	45.9	29.5	100

从表2可以看出，空巢家庭中的单身家庭的月收入主要集中在5000元以下，而11.5%的家庭月收入在3000元以下的家庭为单身家庭；夫妇家庭的月收入主要集中在5000～10000元，其中家庭月收入在10000元以上的夫妇家庭所占比例达到11.5%；主干家庭的家庭月收入达到10000元以上的比例达到24.6%。由此可见，空巢家庭中的单身家庭的家庭收入是最低的，也是经济状态最困难的；而空巢家庭中的夫妇家庭比单身家庭的家庭收入有显著增长，而和子女同住的主干家庭的家庭收入状况是最好的，说明主干家庭中的老人在经济上是最宽裕的。而经济基础决定了老人的物质生活基础，

因此空巢家庭中的单身家庭中的老人，也就是独居老人的生活状态值得我们特别关注。

2.2 不同家庭结构的老年人能够得到的养老服务现状及分析

从表3可知，21.3%的单身家庭中的独居老人不能够得到有效的生活照顾，而同样是空巢家庭，夫妇家庭中不能够得到有效生活照顾的比例为13.1%，说明独居老人是日常照料服务应该重点关注的人群。夫妇家庭虽然是空巢家庭，但是部分家庭中的老人可以相互照顾，对于养老服务的需求相对弱化；主干家庭中只有3.3%的老人不能得到有效的生活照顾，说明家庭人口数量越多，老年人得到的家庭养老支持也越多，从而减少了养老服务的需求压力。可见，家庭支持对于老年人的生活来说至关重要。

表3 不同家庭结构的老年人能否得到日常生活的照料   %

能否得到日常生活照料	家庭结构			合计
	单身家庭	夫妇家庭	主干家庭	
能	3.3	32.8	26.2	62.3
不能	21.3	13.1	3.3	37.7
合计	24.6	45.9	29.5	100

从表4可以看出，有24.2%的城市老年人在精神慰藉上很不满足，12.1%的老年人不太满足于已经得到的精神慰藉。其中，空巢家庭老年人由于家庭结构的原因，不能够经常和子女孙辈相处，在精神慰藉上的不满足感远高于主干家庭；而主干家庭的城市老年人相对来讲在精神慰藉上得到的满足度是比较高的。可见，家庭成员对老年人的精神安慰是非常有效的。因此，空巢家庭的精神满意度是让人担忧的，也是社区居家养老应该重点关注的内容。老人在步入老年状态后，由于不再每天接触上班时的同事、伙伴，自我时间变得更多，和社会的联系逐渐变少，社会角色开始转变。而都市化的邻里关系是比较陌生的，没有办法满足老人的人际交往需求。老年人没有办法跟上时代发展的脚步，精神层面也会受到一定冲击。有些不能适应生活转变导致的心理问题，需要社区社工等专业人员的即时介入和沟通。

表4 不同家庭结构老年人能否得到精神慰藉   %

您在精神慰藉上是否满足	家庭结构			合计
	单身家庭	夫妇家庭	主干家庭	
非常满足	3.3	13.1	16	32.4
比较满足	4.5	5.5	7	17
一般	5.3	4.5	4.5	14.3
不太满足	4.4	6.7	1	12.1
很不满足	7.1	16.1	1	24.2
合计	24.6	45.9	29.5	100

2.3 不同家庭结构对不同类型养老服务的需求差别

如表5所示，$P = 0.461 > 0.05$，按照$\alpha = 0.05$的标准，差别不具有统计学意义，因此来自不同家庭结构类型的老人对医疗保健的养老服务需求并没有显著差别。根据调查可知，随着生活水平的提高，城市老人在养老过程中都十分注重养生医疗保健等，因此对于医疗保健普遍具有较高的需求水平。社区应该配备相应的保健设施和养生场所，社区附近应该配套社区医院，方便老年人保健就医养老。

表5　家庭结构状况与医疗保健服务需求的相关系数

			家庭结构状况	医疗保健需求
Kendall 的 tau_b	家庭结构状况	相关系数	1.000	−.090
		Sig.（双侧）	.	.461
		N	610	610
Kendall 的 tau_b	医疗保健需求	相关系数	−.090	1.000
		Sig.（双侧）	.461	.
		N	610	610

如表6所示，$P = 0.027 < 0.05$，按照 $\alpha = 0.05$ 的标准，差别具有统计学意义，因此来自不同家庭结构的老人对生活照料的需求有着显著差别。根据调查可知，主干家庭中，老人和子女孙辈住在一起，一般能够得到日常生活的照料，比如助餐、帮助沐浴等。但是当子女由于工作或者年纪原因，不能长时间在家照料老人时，社区居家养老的老人依然需要日常生活的照料，此时社区可以提供白天托管等服务，以解决主干家庭的日常照料需求。而空巢家庭中的老人，对日常生活的照料需求更为明显和细致，对于有自理能力的空巢老人，社区也可以提供助餐等日常生活照料；而对于那些已经失去自理能力的老人，他们可以选择住进社区居家养老中心，由养老中心的工作人员提供各种必需的基本生活照料。

表6　家庭结构和生活照料服务需求的相关系数

			您目前的居住状况	谁来照料您的生活
Kendall 的 tau_b	家庭结构状况	相关系数	1.000	.248*
		Sig.（双侧）	.	.027
		N	610	610
	日常生活照料	相关系数	.248*	1.000
		Sig.（双侧）	.027	.
		N	610	610

* 在置信度（双测）为 0.05 时，相关性是显著的。

3　访谈分析

为了增加研究结果的可靠性、避免抽样调查的缺乏代表性和弹性，本文采取了典型访谈的模式对不同家庭结构、不同年龄阶段、不同身体状况的城市老年人和照顾者进行了35份访谈。在访谈设计上，鉴于老年人的自身受教育程度不同，对养老服务的认知不同，社区服务的发展不同，采取了半结构访谈的模式[5]。通过访谈法和观察法，了解城市老年人自身的状况，包括收入、退休前职业、健康状况、家庭结构、照顾情况、医疗保健及精神状况，以及老人在养老方面的需求和困难、能够得到的养老服务状况，从而提高本研究对老人的认知，提升论文的准确性和实用性。

在访谈中，笔者针对几个典型案例，整理出比较有代表性的问题，以期为完善社区居家养老服务提供一定的参考。

案例1：该名老人为72岁的独居老人，性别女，老人身体还算健康，生活能够自理，主要靠养老金过活，女儿远嫁他方，因此思念女儿成为老人最大的心事。也因为精神上比较孤独，所以老人特别渴望多参加社区活动，可是不太了解在哪里能够参加社区活动、结交更多的朋友。

案例2：该名老人是60岁左右的失独老人，老两口相依为命，生活上会互相照顾，基本生活照料是没有问题的。只是每天都为失去孩子伤心，心理十分脆弱，担心年纪大以后没有人照顾自己，希望国家和政府能够多关注他们这些失独老人，为他们解决养老问题。

案例3：该名照顾者是一名55岁左右的妇女，她和父亲同住，父亲已经年过80岁。照顾者自己身体不是很好，每天白天出去工作，父亲自己一人在家。最难的是父亲的吃饭问题，急需助餐服务，父亲的洗澡、就医都是让照顾者犯难的问题。

案例4：该名老人沉迷某明星，在抖音上看到了该明星的视频，以为是该明星本人，和她聊天，因此她茶饭不思，每日都想着去见该明星本人，对身边的人也爱理不理。

案例5：该名老人腿脚不便，生活不能完全自理，和儿子、儿媳同住，家人白天要去工作，没有办法照顾她。由于长时间不能下楼，性格比较孤僻，和儿媳关系不好，吃饭成为一个亟待解决的问题，急需助餐服务和心理辅导。

案例6：该老人患有糖尿病和尿毒症，日常离不开照顾。因为身体不好，所以老人非常渴望住进社区居家养老服务中心。因为她觉得在社区中，熟人比较多，环境也熟悉，家人也能每日来看她，但是在该社区附近并没有这样的社区居家养老服务中心。

从以上访谈可以看出，目前我国城市居家养老服务做得还不够细致，应该大力发展社区居家养老服务中心。随着老年人年纪的增加和各种意外情况的发生，老人对精神慰藉方面的需求日渐增加，生活上比较孤单，在精神上急需和他人进行沟通，尤其是独居老人，缺少精神慰藉，不管是从家人方面得到的，还是从社区为老服务中获取的精神慰藉，都比较有限。社区应该引入专业的社工，多举办社区老人活动等，满足老人的社交需求，提供专业的心理辅导以及精神慰藉。另外，社区应该增强日常照料服务，提供送餐、助餐、助浴等日常照料服务。每个社区都应该配备相应的医疗保健场所，有专业的人员为老人提供日常性的医疗保健服务，如加强对阿尔兹海默症的筛查，对患病的老人进行提醒、及时的干预，避免老人养老出现更困难的问题。对于完全失能的老人，社区居家养老中心应该将老人收住，为需要重点照顾的老人提供服务，解决老人的养老难题。

4 结果与讨论

通过调查发现，城市老年人的家庭结构比较小型化，其中夫妇家庭占的比例最高，单身家庭所占比例最低，但仍达到24.6%。而从经济收入上看，空巢家庭中的独居老人的经济情况是最差的，而经济基础决定了老人的养老状态，日常照料以及精神慰藉方面的养老需求均不能得到满足。不同家庭结构的老年人对日常照料的需求有着显著差别，夫妇家庭虽然属于空巢家庭，但夫妻之间的关爱和照顾能够解决一定的养老需求，因此他们对日常生活的照料需求要低于单身家庭中的独居老人。而与日常认知不同的是，不管是来自哪种家庭结构的城市老年人，在医疗保健和精神慰藉上都有着比较高的需求，而目前为止，家庭和社区养老机构都不能提供完善的医疗保健服务和精神慰藉服务。因此，加强社区养老建设、丰富社区居家养老服务，也就成为日渐老龄化状态的社会的必然要求。

随着经济的不断发展，单身家庭和夫妇家庭在城市中的比例必然逐渐增多，这种老龄化现状非常适合社区居家养老模式。因为老年人不愿意离开自己原来居住的环境，走进陌生人社会，而在自己原来的社区中，由家庭成员、社区、市场共同满足老年人的养老需求，提供有指向性的养老服务，可以减少资源浪费，符合社会发展的规律。

参考文献

[1] 孙丽燕.20世纪末中国家庭结构及其社会功能的变迁[J].西北人口,2004(5):13-6.

[2] 王小燕,林婷,陈玲玲.不同家庭结构对福州市农村老年人生活质量的影响[J].中国护理管理,2014,14(4):365-368.

[3] 魏民,邢凤梅,李颖,等.社区老年人居家养老选择现状及影响因素分析[J].中国公共卫生,2016,32(9):1153-1155.

[4] 黄加成.中国老龄化社会独居老人研究进展[J].中国老年学杂志,2015,35(23):6954-6956.

[5] 贾玉娇,王丛.需求导向下智慧居家养老服务体系的构建[J].内蒙古社会科学,2020,41(5):166-172,213.

技术创新

世界文化遗产的文创产品比较研究

——以沈阳故宫博物院文创产品为中心

曲业华

沈阳化工大学

摘　要：本研究旨在利用世界文化遗产——沈阳故宫博物院的文物，研究文化产品的开发设计。以同一文化商品为中心，对国内外类似案例进行分类，对设计要素和设计现状进行案例分析，并进行对比分析。通过寻找共同点和差异，对沈阳故宫博物院文化商品的发展进行价值分析。通过对沈阳故宫博物院文化产品的近五年研究，探讨了沈阳故宫博物院文化产品匮乏等问题产生的原因。提议将沈阳故宫博物院的文化资源结合起来，发扬地域文化、民族文化的个性，明确沈阳故宫博物院文化商品的定位和系列化方向；建立合理的产品价格体系，注重产品质量；建立创新的营销方法。开发体现地方特色的文化产品模型，以研究沈阳故宫博物院文化产品的开发和推广，并通过对专家、民众和游客的各种调查，为开发出有助于沈阳地区旅游产业发展的创意性设计文化产品作出贡献。

关键词：世界遗产；沈阳故宫博物院；文创产品；产品设计；旅游产业

引　言

　　沈阳故宫博物院是中国现存宫殿式建筑之一，2018年被列入世界文化遗产名录，年访问量超过200万人。2014年，沈阳故宫博物院才开始推出文化商品，起步比较晚，产品的研发和品牌的开发还处在不成熟的阶段。因此，对沈阳故宫博物院的文化商品进行研究，通过对国内外文化产品案例进行分类比较，并对设计要素和设计现状进行比较分析，寻找共同点和差异性。另外，通过对最近5年的沈阳故宫博物院文化商品的研究分析，找出沈阳故宫开发的以文物为题材的文化商品存在的问题，以及改进的方向。围绕开发沈阳故宫博物院文化商品，将沈阳故宫博物院的文化资源结合起来，发扬地区民族和文化的个性，明确沈阳故宫博物院文化商品的定位和系列化方向；建立合理的产品价格体系，注重产品质量；建立创新的营销方式。最后通过本文研究，为日后沈阳故宫博物院文化商品设计的开发，提出正确的方向，为开发具有地方特色的创意设计文化产品作出贡献。

基金项目：辽宁省教育厅的科研基金项目（WJ201911）。

1　介　绍

1.1　研究背景和目的

自1985年12月12日中国加入《保护世界文化和自然遗产公约》以来，中国现有世界遗产地53处，仅次于意大利的54处。由于成功注册世界遗产而使游客人数逐年增加，相关的文化产业也得到一定的发展。2015年，国务院总理李克强表示，"中国政府为研究发现国内博物院收藏的各文物的意义和创意利用方案，并培养博物馆的力量，积极鼓励开发与旅游产业相结合的商品"，并公布了《博物馆条例》，这是中国政府在文化遗产旅游业发展方面。

1.2　研究范围和方法

本研究的范围是沈阳故宫博物院的文物开发文化产品。研究方法，第一，对文献等以往的研究进行理论研究，在了解博物馆文化产品的概念和特征后，对文化产品进行分类。第二，将联合国教科文组织（UNESCO）选定的五大宫殿遗址的文化商品进行比较。第三，通过分析获得的结果，为沈阳故宫博物院文化产品设计的发展指出正确的方向。

2　理论考察

2.1　世界遗产概念与分类

根据1972年联合国教科文组织通过的《保护世界文化和自然遗产公约》，世界遗产委员会认可了教科文组织具有普遍人类价值的自然和文化遗产。联合国教科文组织创建了一份正式的认证清单，并介绍了该清单以促进国际一级的保护[1]。世界遗产分为世界文化遗产、世界文化与自然双重遗产、世界自然遗产三类。世界文化遗产专指有形的文化遗产，主要包括：文物、建筑群、遗址。如表1所示。

表1　联合国教科文组织的文化遗产分类资料来源

构成要素	内容
纪念物	在建筑物、纪念雕塑及绘画、考古文物及构筑物、穴居遗址及混合遗址中，历史、艺术、学术上具有突出普遍价值的遗产
建筑物群	一批独立或连贯的建筑物在历史上、美术上具有突出普遍价值的遗产
遗址	在包括人工的产物或人工与自然结合的产物及考古遗址在内的区域内，在历史上、观赏上、民族学上或人类学上均有突出的成就

2018年7月2日，中国遗产的注册数量居世界第二位[2]，其中，辽宁省沈阳市目前拥有三个世界遗产，见图1。

| 沈阳故宫 | 清福陵 | 清昭陵 |

图1　沈阳市世界遗产

2.2　博物馆文化产品的概念和分类

2.2.1　博物馆文化产品的概念

博物馆文化产品是源自博物馆环境中文物的文化含义的产品。联合国教科文组织对其下的定义是：文化产品是一种消费品，通常散布思想、喜好和生活方式，并提供信息和娱乐，以在群体内部形成共识并影响文化行为[3]。文化产品是指在各个领域中通过将文化倾向或特征与经济领域结合起来而成为工业生产和消费对象的产品，或者是在文化产业过程中生产的产品，例如电影、广告、出版物、音乐唱片、艺术品、手工艺品和地方特色产品，这个概念概括了自然风光、文化遗址、文化设施和空间[4]。另外，文化产品与普通产品之间的区别是文化产品中添加了文化元素。文化产品可以定义为在工业活动过程中使用文化材料生产的最终产品[5]。

2.2.2　博物馆文化产品分类

当整个博物馆被定义为文化产品时，该类别的分类非常复杂和多样。第一，博物馆本身，包括博物馆的内部和外部建筑物、设施和空间等可以看作一种文化产品；第二，文物、艺术品、标本等藏品和展览等可以是另一种商品；第三，标签、文本和目录等解释型材料；第四，诸如演讲、表演和特殊活动之类的程序；第五，接待、介绍、便利设施、博物馆商店和餐厅之类的博物馆服务[6]。

将博物馆定义为文化产品时，由于存在多种类型的文化产品，因此将在博物馆中出售的文化产品归入本研究范围。① 根据博物馆的文化商品的用途和目的分类，可以分为纪念品、日用品、装饰品、教育用品和游乐用品。② 在西方发达国家，他们制定采用按价格对旅游纪念品进行分类的标准，但是在中国却没有这样的体系。由于博物馆文化产品的销售是由售价决定的，因此有必要根据价格范围来研究分类。③ 文化产品的开发因博物馆而异，包括可直接复制的小型展览品、能够体现博物馆独特形象的纪念品等[7]。

3　研究过程

3.1　利用世界文化遗产对博物馆文化产品进行案例分析

联合国教科文组织选定的世界五大宫殿遗址分别是：法国的凡尔赛宫、德国的维尔茨堡宫、中国北京故宫、英国的布莱尼姆宫、俄罗斯的克里姆林宫。见表2。

将世界五大宫殿遗址与沈阳故宫进行对比分析。此外，对法国凡尔赛宫博物馆、中国北京故宫博物院和俄罗斯莫斯科克里姆林宫博物馆进行调查。

表2　联合国教科文组织评选的世界五大宫殿遗址及沈阳故宫

	国家	名称	皇宫	博物馆	世界文化遗产	文化产品	互联网购物	年代
	法国	凡尔赛宫	●	●	●	●	●	1979
	德国	维尔茨堡宫	●	×	●	◉	×	1981
	中国	北京故宫	●	●	●	●	●	1987
	英国	布莱尼姆宫	×	×	●	●	×	1987
	俄罗斯	克里姆林宫	●	●	●	●	●	1990
	中国	沈阳故宫	●	●	●	●	●	2004

3.1.1　法国凡尔赛宫博物馆

凡尔赛宫是法国最著名的宫殿之一，据悉拥有超过6万件作品。凡尔赛宫的文化产品反映出法国人的独特的情怀，见表3。

表3　法国凡尔赛宫博物馆的文化产品和设计现状

		名称	法国凡尔赛宫博物馆
		位置	法国巴黎西南郊区
	博物馆概况	类型	世界遗产宫殿遗址
		时间	建造时间:1661年/世界文化遗产：1979年
		网址	http://www.chateauversailles.fr/
		凡尔赛系列展出了约6万件法国5世纪的文物。这反映了"成为君主"和"博物馆"居住的城堡的双重使命	
文化产品的一般分类	纪念品		
		纪念章、蜡烛、路易十四的小盒子雕像、雕塑系列	
	家庭用品		
		T恤、包袋系列、风扇手柄、陶瓷杯、板系列、围巾、领带、垫子、雨伞、围裙	

表3（续）

	名称	法国凡尔赛宫博物馆
	位置	法国巴黎西南郊区
文化产品的一般分类	教育用品	 笔记本系列
	配饰	 项链、大象手链、耳环、胸针
	游戏用品	 拼图游戏、灰狼玩具、浇水的罐蛙、天鹅绒绵羊、形状拼图、球
	出版物	 期刊杂志、儿童图画书

3.1.2 中国北京故宫博物院

北京故宫是中国明清时期的宫殿，有紫禁城之称，是中国皇家建筑的代表。北京故宫博物院将代表性藏品和传统花纹结合起来，运用现代设计理念，制作成文化产品，见表4。

表4 中国北京故宫博物院文化产品种类及设计情况

	名称	中国北京故宫博物院
	位置	中国北京
博物馆概况	类型	世界遗产宫殿遗址
	时间	建设时间：1406年/世界文化遗产：1987年
	网址	http://www.dpm.org.cn/Home.html
		北京的故宫是中国明清王朝的王宫，被称为紫禁城，是中国古代宫殿建筑的本质。
文化产品的一般分类	纪念品	 万福宫灯扇装饰品、纸片照明器具、装饰画、纪念印章、屏风装饰品

表4（续）

	名称	中国北京故宫博物院		
🇨🇳	位置	中国北京		
文化产品的一般分类	家庭用品			
		T恤、包系列、陶瓷杯子、扇子把手、餐具类系列、围巾、领带、靠垫		
文化产品的一般分类	教育用品			
		笔记本、笔记本夹、卡盘、纸带、手机夹、夹子夹、笔袋、盆景		
	配饰			
		项链、手链、耳环		
	游戏用品			
		八旗军不倒翁、迷你故宫猫玩具、清朝皇帝储蓄罐、八旗军装饰品、清朝皇帝皇后装饰品		
	出版物			
		北京紫禁城书籍介绍、北京紫禁城杰作介绍		

3.1.3 俄罗斯莫斯科克里姆林宫博物馆

俄罗斯莫斯科克里姆林宫博物馆的文化产品很好地继承了俄罗斯的民族文化，并反映了俄罗斯的独特文化特征。当前销售的产品主要由反映民族文化特征的设计组成，见表5。

表5 俄罗斯莫斯科克里姆林宫博物馆的文化产品和设计现状

博物馆概况	名称	俄罗斯莫斯科克里姆林宫博物馆
	位置	俄罗斯莫斯科
	类型	世界遗产宫殿遗址
	时间	建设时间：1806年/世界文化遗产：1990年
	网址	http://www.kreml.ru/museums-moscow-kremlin
	莫斯科克里姆林宫博物馆是俄罗斯的国家圣地，是国家的象征。历史使克里姆林宫博物馆成为莫斯科的一个主要博物馆景点，莫斯科是创造和保存这一宝贵遗产的几代历史记忆的守护者。	

文化产品的一般分类	纪念品	
		纪念书签、纪念品磁铁、陶瓷磁铁
	家庭用品	
		T恤系列、书包系列、铅笔盒、陶瓷杯、盘子、勺子、叉子、围巾、领带
	教育用品	
		笔记本系列
	配饰	
		项链、手链、戒指、袖扣、耳环
	游戏用品	
		陶瓷玩具
	出版物	
		期刊杂志、图画书

3.2 沈阳故宫博物院文化产品种类及设计现状

沈阳故宫是现存代表性的宫殿式建筑之一。清初时期用作皇帝的宫殿，至今保存完好，是历史内涵极深的遗产之一[8]。见表6。

表6 沈阳故宫博物院文化产品和设计的现状

	名称	沈阳故宫博物院
	位置	沈阳市市中心
博物馆概况	类型	世界遗产宫殿遗址
	时间	建设时间：1625年/世界文化遗产：2004年
	网址	http://www.sypm.org.cn/
	沈阳故宫始建于1625年，具有丰富的历史和文化价值。沈阳故宫博物院是一所著名的皇宫艺术博物馆，馆内艺术品丰富	

	纪念品	
文化产品的一般分类		纪念品：熔铸金大正殿、鉴赏盘子、永福礼盒、木制清代名画书签
	家庭用品	
		T恤、陶瓷杯、八角形扇形手柄、手工包、餐具、围巾、垫子
	教育用品	
文化产品的一般分类		笔记本、笔记本夹、卡盘、纸带、铅笔盒、手机夹、夹子夹
	配饰	
		耳环、项链、戒指
	游戏用品	
		扑克、皇帝皇后饰品、木制3D拼图

★	名称	沈阳故宫博物院
	位置	沈阳市市中心
	出版物	
		沈阳故宫期刊杂志、沈阳故宫介绍

4 研究分析

4.1 沈阳故宫博物院文化产品设计现状

沈阳故宫博物院自 2004 年成功"申遗"以来，参观人数逐年增长，2004 年为 67 万人次，2013 年 128 万人次，2016 年为 161.3 万人次，2017 年为 180.93 万人次，2018 年为 201.3 万人次。2015 年，沈阳故宫博物院以"永恒的福"为主题，设计了办公用品、文具、家居用品等文化产品。截至目前，沈阳故宫进行了 100 多次文化产品设计，制作了 800 多个文化产品。通过对数据进行分析，发现沈阳故宫博物院的文化产品存在以下常见问题；第一，文化产品的设计创意和地域特色以及品牌文化产品的开发不足；第二，文化产品实用性差，产品质量差，缺乏宣传；第三，产品销售渠道单一。

4.2 世界文化遗产的文化产品设计要素分析

通过对法国凡尔赛宫博物馆、北京故宫博物院、俄罗斯克里姆林宫博物馆与沈阳故宫博物院的相同文化产品进行分类和比较研究，可以发现：第一，文化产品中大多数是批量生产的；第二，都将宫殿建筑的风格和形状以及博物馆的藏品运用到设计中；第三，由于这三个宫殿都位于国家首都，因此许多象征着皇帝在封建制度下的权力的元素被用在文化产品；第四，三座宫殿的文化产品都是根据历史和文化背景设计的，每个产品都包含反映时代特征的代表性历史事件和故事。由于历史、文化、地区、种族和主要消费群体的不同，沈阳故宫博物院正在设计和开发不同的文化产品。见表 7。

表 7 世界文化遗产的文化产品设计要素比较

	博物馆	法国凡尔赛宫博物馆	中国北京故宫博物院	俄罗斯莫斯科克里姆林宫博物馆	中国沈阳故宫博物院
文化产品的一般分类特征	装饰用品设计特性	路易十四和凡尔赛宫的建筑是最常用的资源。例如，纪念章纪念品使用路易十四和路易十五的肖像作为设计的元素	北京故宫博物院将具有代表性的藏品直接运用到设计中（名画、文物、纹饰等）	使用了俄罗斯的传统民族图案和博物馆的文物形象装饰用品	只是将沈阳故宫代表性建筑使用大正殿元素的纪念品
	生活用品设计特点	玛丽·安托瓦内特女王的形象也经常被用于餐具的设计上。另外，将法国民族固有的形象用于文化商品，同样值得关注。在烛台和餐具系列产品的设计中可以轻松找到这样的例子，也有一些产品是通过发展玛丽·安托瓦内特的形象设计的	北京故宫博物院将传统的花纹运用到设计中。还运用了现代设计风格（波普艺术，以及考虑个人喜好的方式）。并不是说创意文化产品就一定要用传统的手法来表现传统文化。利用字画来代表皇帝权力的语言，还有各种表达角色的方式	克里姆林宫博物馆的文化产品具有将历史事件用于产品讲故事的特点。例如，包装、生活用品，使用与俄罗斯的文化背景，特别是诗歌相关的文化背景。	系列化产品只有永福系列产品。满洲八旗和龙的形象，作为自认要素使用了很多。采用的元素很单一

表7（续）

博物馆	法国凡尔赛宫博物馆	中国北京故宫博物院	俄罗斯莫斯科克里姆林宫博物馆	中国沈阳故宫博物院
教育用品设计特性	使用代表太阳神的徽章（凡尔赛宫博物馆的徽标）也是凡尔赛宫设计文化产品的方式之一	它结合了传统元素和现代趋势。它可爱地描绘了古人，夸大了他们的外表和面部表情，激发了年轻人的购买欲望。为了以这种方式生产产品，创意文化产品具有创造力和实用性的优点	在克里姆林宫博物馆的文化产品中，复制品工艺品和玩具相对较少。笔记本的设计特征是克里姆林宫的体系结构直接放在笔记本的封面上。这就是笔记本具有惊人效果的原因	最有特色的是大正殿和清代第一、第二位皇帝的画像
装饰品设计特征	在18世纪，珍珠被用于各种各样的珠宝装饰上：长绳项链、手镯、耳环，还有吊坠。凡尔赛宫展出的许多画作都证明了这一时尚	首饰设计元素是传统的祥云、葫芦、扇子、印章，使用材料多采用金属工艺制作	首饰设计的显著特点是使俄罗斯民族的传统花纹和色彩清晰地显现出来。	首饰设计特点多采用满族文字和永福系类金属工艺制作。福海首饰采用传统图案
游戏用品设计特性	玩具的设计背景都与皇室的喜好有关，设计元素为以王室手绘图案和角色为主要表现方法	清代皇帝与八旗角色根据特征所区别创意和可爱的感觉	俄罗斯的传统民族图案	设计元素以清朝的皇帝和八旗军为主
印刷品设计特点	凡尔赛宫博物馆的文化产品和出版物除了反映历史和文化外，还涉及儿童教育画集	北京故宫出版物有文物类、旅游生活类、中国书画类、文学故事类、史学文库类、学术类、器物收藏类、期刊杂志类等详细分类，并以特别的AR动画技术，以宫廷绘画为主题，展现皇帝的生活图景	出版物同样将俄罗斯的历史及其发展视为设计的核心	出版物主要以介绍沈阳故宫的书籍和期刊为主

（最左侧纵向标题：文化产品的一般分类特征）

5 结 论

通过对法国凡尔赛宫博物馆、中国北京故宫博物院、俄罗斯莫斯科克里姆林宫博物馆的文化商品与沈阳故宫的文化商品的比较研究，针对沈阳故宫博物院的文化产品研发设计，提出如下研发设计方向。第一，将沈阳故宫博物院的文化资源结合起来，激活地区民族和文化的个性。这表明沈阳故宫博物院文化商品的地位和系列化的明确方向。在前面的案例分析中，发现法国、俄罗斯和北京宫殿三大博物馆的文化商品的共同点，是利用传统文化中出现的符号或花纹，在现代再现后成功应用。相反，沈阳故宫博物院的产品经常将与文化有关的图像照原样应用到产品中，创造性设计开发的文化产品很少。因此，寻找代表沈阳宫廷文化特征的文化元素非常重要。第二，建立合理的产品价格体系，注重产品质量。文化产品不仅针对高端顾客，还要全面考到旅行者的消费阶层，适当增加低价商品的比重，开发适合各种消费阶层的文化产品。并且根据年龄和消费水平，设计出适合消费者的多样的文化商品。在文化商品企划之前，必须对文化商品产业进行市场分析。要仔细分析消费者（年龄、购买力、消费欲望等）、消费环境及方式、现有商品（商品的类型、灵活运用的文化符号）等。第三，需要创新的营销方式。应该通过数字化，使游客能够轻易接触到沈阳故宫博物院文化商品相关的宣传及信息。另外，在宣传手段上，与多种媒体技术嫁接，巩固沈阳故宫博物院文化商品的品牌形象。用户可以通过新型多媒体技术（VR、AR）体验商品，将文化商品的设计理念和实用价值介绍提供给购买者。

本研究有如下的局限：第一，调查范围以先行研究资料和国外案例为基础，环境因素等特点没有具体反映出来；第二，未能直接调查沈阳故宫博物院的访问者的消费方式和喜好等。要把这些部分作为今后研究的课题加以完善。

参考文献

[1] 任宏,苏阳,刘洋,等.沈阳故宫文化衍生品创新设计策略与途径研究[J].包装工程,2017,38(4):1-6.

[2] 陈晓晓.博物馆文创产品的设计与研究[D].沈阳:辽宁大学,2019.

[3] 杨晓犁.沈阳故宫旅游纪念品开发的若干设想[J].沈阳故宫博物院院刊,2009(2):127-131.

[4] 苏阳.博物馆文创产业开发的新理念:以沈阳故宫博物院为例[J].知识文库,2016(1):67-68.

[5] 陈婷.台北故宫博物院纪念品设计的文化符号研究[J].装饰,2016(3):140-141.

[6] 韩春艳.人人共享世界遗产:兼论沈阳故宫的旅游文化创意[J].沈阳故宫博物院院刊,2007(3):152-157.

[7] 苏阳.用珍贵文物开启文创产业新路:以沈阳故宫博物院清宫服饰产品开发为例[J].艺术品鉴,2016(4):261-262.

[8] 李寅飞.两岸故宫博物院文化创意产业发展比较研究[J].兰台世界,2015(1):133-134.

旅游文创App在地方经济发展建设中的作用

刘雨佳

沈阳化工大学

摘 要：目前，我国地域旅游文创产品存在缺乏科学规划、运作模式单一、创新能力不足等短板。将地方特色与旅游文创App相结合，能够带动地方经济发展。本文通过分析研究几款文创App产品，总结方法，应用到沈阳城市旅游App及文创设计中，从而提升沈阳旅游文创App产品的体验性，增加用户对沈阳城市文化的认可度，吸引更多企业和高端人才的驻入，从而促进高新产业的兴起，促进沈阳经济发展，使经济形态发生变化。

关键词：旅游文创；地域文化；经济发展

引 言

0.1 研究背景

旅游消费是拉动内需的重要手段。文化和旅游部数据中心的数据显示，2018年国内旅游人数达到55.39亿人，同比增长10.8%，2019年国内旅游人数达到60.1亿人，同比增长8.4%；国内旅游收入57251亿元，同比增长11.7%[1]；2020年度国内旅游人数28.79亿人次。2021年，国内旅游总人次32.46亿，同比增长12.8%。国内旅游收入（旅游总消费）2.92万亿元，同比增长31.0%。

将地域文化与旅游文化产业相结合，能够带动地方经济发展，响应国家促进内需发展口号，打造地方品牌IP，提高大众对地域文化的认可度，实现一加一大于二的效果。

地域文化代表一个地区内人群的价值取向，是一个地区内物质财富和精神财富的体现。通过打造有辨识度的、结合地域文化的旅游文创App和文创产品，能够加强人们对区域文化的认同感，增加不同区域人群之间的沟通往来，消除以往因为地域文化差异而带来的误解，增进不同区域人群之间的了解和信任。而地域文化认可度的提升，能够引导不同区域人群寻找发展契合点，可以达成合作投资，探索符合当地的发展模式，实现共赢的可持续性循环发展格局，有效地推动区域经济的长远发展。

0.2 研究现状分析

随着经济的发展和科技的进步，人们对旅游的需求不再局限于走马观花打卡式体验，而是更倾向于了解地域文化特色和深入感受风土人情，愿意投入时间、精力到深入感受文化特色的高品质体验性消费。

基金项目：2020年辽宁省教育厅科学研究项目"'盛京'城市旅游App及文创设计研究"（WQ2020005）。

目前，我国政府出台了一系列政策，强调了促进文化旅游发展对于地方经济的重要作用。但是目前的文化旅游产业还处于起步阶段[2]，具有鲜明辨识度的地域文化元素的文创产品及互联网文创产品比较少。目前，故宫博物院和成都城市文创比较新颖独特，打造成为网红产品，其他地域的旅游文创产品缺乏科学规划、运作模式单一、创新能力较差、产品千篇一律，没有以创新的运营模式带动相关行业共同发展，这是当前文创市场存在的主要问题，导致难以充分实现地域文化价值与地方经济发展之间的有效转化。

0.3　研究目的及意义

（1）研究目的。地方的发展是物质文明和精神文明相辅相成的，地域文化在地方发展中起着巨大的作用。通过依托旅游产业，研究如何深度开发地域文化，打造符合沈城的旅游文创 App 产品，充分借助各类宣传与推广途径，增强人们对沈城地域文化的认同感，提高沈阳人的凝聚力，促进地方文化与区域旅游消费的结合，从而推动文创相关产业的转型，以达到带动沈阳经济发展的目的。

（2）研究意义。通过研究旅游文创 App 在地方经济建设中的作用，使沈城地域性文化能够整合各种资源，充分释放城市的潜力，最大限度地调动沈阳人对城市经济建设的积极性，使沈阳在全国各个城市的竞争中具有强大的优势，从而在经济建设的各方面起到凝聚力的作用，推动沈阳城市的健康持续发展。

0.4　研究思路与方法

（1）文献研究法。通过中国知网、万方数据库、维普等网络渠道，对网红城市旅游 App 及文创信息进行整理及研究，并归纳总结作为理论支撑。

（2）案例研究法。搜集国内外优秀旅游及文创 App 案例，分析设计理念、功能特点、界面设计与文创设计产品的优缺点。

（3）实地调研法。以沈阳为例，对各大景点、吃住行进行实地考察调研与详细的资料收集记录，关注网红城市的旅游文创产品，寻找新的展示与表现方法。

（4）实践总结法。经过整理研究，在已有的资料下将多种设计表现形式，（例如摄影、插画、VR 等）形式融入其中，不断完善设计，找出最佳的表现手法。

1　网红旅游文创 App 产品分析

当前市面上具有地域特色网红文创产品的城市是北京和四川。

北京是政治、经济、文化、教育为一体的全国中心，是我国拥有世界文化遗产数量最多的城市，旅游资源非常丰富。从 2006 年开始，北京市提出要根据自身优势大力发展文创产业。相比其他城市，北京的文创产品依靠明清皇家文化、老北京胡同文化，重视对传统文化的弘扬，突出对文化的传承。

作为历史文化名城的成都，将美食、川剧变脸、国宝大熊猫三个地域文化元素结合时下热点话题（譬如民谣《成都，成都》），与文创产品结合。成都的文创产品通过农副产品及高科技产品很好地融入当地人的衣食住行中，非常具有实用性和成都地域性。

1.1　故宫文创App分析

北京的网红旅游文创App开发者当属故宫博物院。近几年，故宫博物院文创产品的研发注重与馆藏文物相结合，注重将文物背后故事带到大众面前，将皇家宫廷生活礼仪，古代服饰、建筑构造等文化符号高度提炼，例如"冷宫御膳房冰箱贴""故宫御猫驾到""朕不能看透眼罩"等爆款产品。另外，故宫博物院的文创作品包括故宫出版书籍、故宫手机壁纸、故宫游戏等不同种类，通过这些不断地推陈出新，搭配花式营销方式，例如真人秀节目《上新了，故宫》，通过线上线下多种方式将故宫文创推向了新的高潮，也让游客对故宫有新的认识。这些使得600岁的故宫摆脱以往的打卡景点，转变为人人向往的一款网红爆款景点。

故宫博物院目前开发了"紫禁城祥瑞''故宫社区""每日故宫""故宫陶瓷馆""故宫展览""韩熙载夜宴图""清代皇帝服饰""皇帝的一天""胤禛美人图""紫禁城600"十款App。其中，"紫禁城600"以故宫里的宫殿建筑为基础，按照故宫建筑群区域的划分，涵盖前朝和后宫宫殿区域，不仅向用户介绍中国古代宫殿建筑知识，还把在这些宫殿中发生的宫廷历史故事普及给大众。

1.2　成都旅游文创App分析

受到一系列网络平台的影响，成都打造了一款"YOU成都"旅游文创App（公众号、小程序）。

这款产品首先是逻辑清晰、产品定位清楚，也就是产品是给什么人用、用来做什么定位是精准的。从用户定位上，"YOU成都"的用户可以分为三个梯度：第一梯度是成都常住人口，是高频用户；第二梯度是四川人口，产品设计之初就考虑在未来合适时间从成都扩展到整个四川；第三梯度是外来游客。

其次是产品的内容丰富、操作流畅。在App上，"发现"功能页面的设置，把成都旅游可以体验的方方面面都展示给游客，供其了解熟悉。这也解决了一直以来，旅游行业存在的一个盲点：游客到了一座陌生城市，在有限的时间内，不知道究竟应该去哪里。在团游时代，导游和旅行社解决了这一问题，但是现在是个性游时代。市面上各类旅游App中虽然也有大部分城市的简介和景点推荐，但是由于是模板化、攻略式的产品，繁远远不能满足喜好新奇、口味各异的年轻人。更重要的是，对于旅游平台而言，各家城市没有差别，远不如城市自己开发的软件更加用心。"地图"这一栏目下，规划了大量特色成都生活方式地图。比如，喜欢文创特色的游客，可以详细了解蓉城之秋地图、诗歌地图、活动地图、公益慈善地图、魅力街区地图、文创园区地图；而喜欢休闲娱乐的游客，则可以查看发呆地图、音乐地图、运动地图、博物馆地图、民宿地图等。"YOU成都"上还设计了内容版块，通过文字、图片、视频等各种媒介载体方式，将成都全城各类风味独居的门店一一呈现在对成都感兴趣、有计划到成都旅游的潜在游客面前。同时，为了更好的推荐成都的各类商家，"YOU成都"上还在进行一些活动营销的尝试，比如成都最美民宿的票选，就是这样一种形式。目前的"YOU成都"已整合了成都市各类旅游景区、特色古镇、文创园区、林盘绿道、赛事节会、民宿客栈等文商体旅资源，将成都旅游转变为沉浸式的旅游消费体验[3]。

2 旅游文创App设计表达

2.1 旅游文创App设计原则

2.1.1 差异化定位

每个城市都拥有自己独特的资源和地域文化，根据不同差异找准城市旅游文创定位，突出地域文化特色，打造独特旅游文创IP。这样才能精准地把握住当地文创产品的发展道路。

2.1.2 有工匠精神

现如今，文化创意产品已经经过了野蛮增长的年代，开始进入以高品质好创意的新阶段。唯有心思巧妙、制作精良的产品才会传递地域的精神面貌。

2.1.3 拓宽实用性

当下文创产品日益增加，好的文创产品需要平衡地域文化、产品样式创新和功能实用三个方面，最大限度地增加受众对文创App产品的认可度和提高文创产品的购买力。

2.1.4 与科技结合

文创产品需要借助新技术打造体验式产品。例如"VR+"的新体验正在逐步进入文创产品中。例如，法门寺的展品明信片，通过手机扫描，实现立体展示效果，实现与游客的互动。通过在景点和文创产品中引入浸入式体验，可以加深游客对景点的印象，并且提高对城市的认可度。

2.1.5 采用新模式

可以采取O2O模式，在线上浏览选择商品，线上付款，并在旅游中寻找线下店铺或者邮寄到家。这种新的模式可以真正地将文创产品带回家。

2.2 旅游文创App对经济的促进作用

2.2.1 促进高新产业的兴起

旅游文创App特别是文创产品的科技创新，对当地人的观念、行为以及经济发展有巨大的影响。首先，可以促进生产力的发展，将低端的小作坊手工加工产品转变为机械化制造；其次，可以转变地方经济增长方式；最后，可以吸引更多企业和高端人才的进入，从而带动高新产业的兴起。

2.2.2 提升经济附加值

通过具有地域特色的文创产品，使游客受到当地文化熏陶，与当地人群相互沟通、相互认同，从而进行不同文化的渗透，带给地方经济发展更强的竞争力。地方经济活动所包含的地域文化特色越浓厚，文创产品带来的经济附加值也就越高[4]。

2.3 地域文化视觉表达方式

具有地域特色的旅游文创App，不仅能够提升地区的品牌形象，而且是提升旅游体验的主要途径。特别是在互联网时代下，获得网络流量就直接等同于获得巨大资源。通过旅游文创APP打造网红城市，获得巨大的流量，是服务于地方经济发展的重要手段。

2.3.1 联想法

联想法，最指通过高度概括城市的景和物，在保留视觉认知度的同时，通过联想的方式将地域文化元素与现代生活相结合，增加大众对地域文化元素的认同感。主要是应用视觉元素使受众通过文创产品联想到在当地旅游的体验感受。具体来说，就是借助想象力，还原一种体验感的心理过程。

2.3.2 象征法

在旅游文创的视觉表达设计过程中，深度挖掘一些只存在于当地老百姓的日常生活中的、在当地已耳熟能详却不为游客所知的视觉元素，寻找并提取其中的故事性与象征性，用手绘、矢量或场景重建等手法置入文创产品中。象征法需要走访当地居民进行深入调研，了解居民的交流方式、日常饮食、工作节奏、娱乐消遣方式等，加以高度提炼概况。

3 旅游文创App的应用——沈阳城市旅游App及文创设计

3.1 沈阳区域文创品牌现状

目前，沈阳市面上的文创品牌主要存在的问题是，没有打造沈阳独特的IP形象，没有特色和吸引人的爆款文创产品。沈阳市面上的文创产品与全国各地的景区文创产品没有区别，这不仅使文创产品的复制成本非常低廉，游客不能产生购买兴趣，也不利于宣传各个景区的旅游体验价值。这种缺乏特点的文创产品会降低游客对沈阳城市的兴趣和好感度。

3.2 沈阳城市旅游App及文创设计理念

基于目前的现状，沈阳城市旅游App及文创设计，重点在于更好地宣传沈阳市容市貌以及特色景点，拉动沈阳旅游发展，带来经济效益。并且以插画、摄影照片、VR多种形式进行趣味性、交互设计，使旅游文创App设计打破单纯的文字和图片的宣传展示形式，让沈阳这座历史悠久的城市形象变得让人印象深刻。同时通过更加新奇的、具有趣味性的、实用的、贴近大众生活的城市文创产品，增进游客对沈城的好感度。

沈阳城市旅游App主要有"精选""发现""足迹""文创""我的"五个信息模块。

"精选"模块的设计主要是为了向旅游者推荐沈阳的特色旅游信息，使得游客在正式到达沈阳之前，对城市有一个初步的印象。根据游客的喜好，提炼出一些满足个人需求的精品路线，并且推荐一些当地的最优出行攻略，帮助用户做好旅行规划。景点和路线通过插画地图和实际地图形式展现，著名景点、城市历史建筑、景点上面放有二维码，用户扫码后可观看相关的历史文化故事视频，建筑内的空间使用VR形式展现，方便游客随时反复观览。

"发现"模块的设计主要是为了向游客推荐在旅游过程中的美食、住宿以及景点上的一些需求，还可以VR方式直观地向用户展示饭店、酒店内的实际情况。

"足迹"模块的设计主要是为了让游客能在第一时间通过照片、视频、语音、涂鸦、文字等方式分享旅游感受，增进游客之间以及游客和沈阳本地人、店铺老板之间的沟通交流，实现社交沟通的需求。在这个模块中，游客可以提前发布自己的旅游信息，结伴出行。

"文创"模块，将各个景点的文创产品在App上架，用户可以在商城进行购买，自提或者邮寄。

"我的"模块，是一个社区，包括更改个人信息、支付方式等功能。

3.3 沈阳城市旅游App及文创设计特色优势

（1）旅游线路定制App。"盛京"城市旅游App针对客户的需求提供相应的路线，并且通过精美照片和VR体验让客户事先清楚地知道行程路线，节约时间。

（2）文创产品种类多样。包括文具、玩偶、茶具、摆件、台历、书籍等，基于不同用户的需求打造丰富多样的创意产品。

（3）景点讲解详尽。与以往旅游App不同，沈阳城市旅游App对景点、风土人情的介绍十分详尽，还可以通过VR展示，以便后续回忆。

（4）提高收益率。结合线上线下消费，提高文创产品的运营能力及商业转化率[5]。游客可以在店里自主选购商品，直接在平台结算，解决将"旅游文化轻轻松松带回家"的问题。

3.4 沈阳城市旅游App及文创设计发展前景

打破单纯的文字图片显示形式，通过插画、摄影、VR形式增加游客的感官享受与使用体验，使整个App具有美观性与欣赏性。通过文创产品让沈阳地域文化更加贴近生活，从其他传统的旅游文创App产品中脱颖而出。"盛京"城市旅游App及文创设计不论是在对沈阳地方特色的宣传上，还是在App界面审美的艺术性角度上，都有一定的交叉促进性，具有很广阔的发展前景。

4 小 结

通过研究分析几款旅游文创App，总结出旅游文创App设计原则和地域视觉元素设计方法，从而应用到"盛京"城市旅游App及文创设计中，使这款App具有更强的实用性和美观性，给予游客更好的旅游体验，提升对沈阳城市文化的认同感，从而为促进沈阳旅游经济的发展作出贡献。

参考文献

［1］ 李紫玥.充分释放地方文化的发展潜力[J].人民论坛,2018(19):136-137.

［2］ 毕绪龙.文化旅游发展政策及其趋势[J].河南教育学院学报(哲学社会科学版),2013,32(5):19-23.

［3］ 成都商报.全国首款生活美学地图"YOU成都"App正式上线[EB/OL].[2018-09-26].https://e.chengdu.cn/html/2018-09/26/content_634561.htm.

［4］ 张重才.和谐社会建设中文化之功能与使命[J].长江大学学报(社会科学版),2008,31(5):30-33.

［5］ 王淳.以"青岛印记"为例的城市旅游APP及文创产品设计应用[D].北京:北京印刷学院,2019.

基于3D打印技术对电控雪雕成型器的应用设计研究

马 丽

沈阳化工大学

摘 要：作为智能制造的重要组成部分，3D打印在手工业中扮演着越来越重要的角色。基于电控雪雕成型器发展过程中存在的问题，为促进3D打印技术在雪雕成型器中更好的应用，促进雪雕作品量产，降低雪雕制作成本，解决低温作业问题，实现艺术化、规模化和标准化生产，笔者提出一些对策与建议。采取措施提升雕塑家基于3D打印技术的信心，也将激发造型艺术产生出新的雕塑形式与雕塑语言，有利于推动雪雕艺术的创新与发展。

关键词：3D打印技术；雪雕；成型器

引 言

雪雕作为一门雕塑种类已在我国北方的冬季成为一道独特靓丽的品牌文化，近些年更是有产业化发展的趋势。纵观国际雪雕也是一项重要的艺术文娱活动。每年冬季都有各种雪雕大赛，不仅面向各大艺术高校，也面向国际雪雕爱好者，一批优秀的雪雕作品吸引了大量的关注，热度的持续攀升不仅满足了大众的精神文化需求，也带来了极大的经济效益。随之而来的是大量的雪雕作品加工需求，导致从设计到制作良莠不齐，可制作精良的作品不但成本高且加工时间长，这严重限制了雪雕艺术文化的推广与发展。如果能将3D打印技术与雪雕成型器更好的结合与研究，完善雪雕成型器的研发。则能够提升雪雕制作的速度和精度，降低生产成本，促进雪雕文化发展，也可形成我国东北经济振兴新的经济增长点。

1 3D打印技术及时代政策背景

1.1 3D打印技术的内涵

3D打印技术又称"快速成型技术"，是一种以数字模型文件为基础，整合了机电控制技术、机械精密、信息技术、化学与材料等诸多方面的综合性前沿应用技术。运用塑料、金属等可黏合的材料，通过逐层堆叠的方式来构造物体。过程包括计算机软件建模，三维模型"分割"成逐层的截面，用粉状或片状甚至液体状的材料将这些横截面逐层打印[1]，再逐层将截面黏合堆砌起来。加快

基金项目：辽宁省教育厅2019年度科学研究经费项目"多功能小型手持电控雪雕成型器的设计与应用实践研究"（WQ2019004）。

3D打印技术发展，对于推进雪雕成型器的升级与发展具有重大意义。

1.2 3D打印技术的时代政策背景

3D技术的出现引起了世界范围的广泛关注，西方各工业强国纷纷在3D打印技术上投入大量的财力、人力，以研发更加丰富的打印材料，促使这一技术日趋成熟且技术不断提高，已逐渐实现了在航空、医疗和建筑领域的应用。3D技术规模及技术规模目前最强的国家是美国、欧盟等发达国家和地区，中国在规模领域占据第三位。

我国的3D打印研究在工业方面属于落后的状态，往往集中于大型攻关课题研究领域，如生物医疗、航天航空等。国家正在积极布局、政策引导促进3D技术的发展。2020年2月，我国发布《增材制造标准领航行动计划（2020—2022年）》，提出到2022年，立足国情、对接国际的增材制造新型标准体系基本建立。推动2~3项我国优势增材制造技术和标准制定为国际标准，增材制造国际标准转化率达到90%[2]。我国增材制造产业已形成初步的地区产业空间发展格局，在有些领域的研究水平已超过欧美，并不断取得突破性进展。2020年5月5日，中国进行了首次太空3D打印实验，这是国际上第一次在太空中开展连续纤维增强复合材料3D打印实验，搭载着3D打印机的长征五号B运载火箭，首飞成功[3]。

2 3D打印技术在电动雪雕成型器的运用研究

2.1 3D打印技术与雪雕成型器的关系

雪雕打印研究是比较冷门的概念。3D打印技术与雪雕成型器的工作原理是相同类别的立体打印技术，也就是说，3D打印技术是雪雕成型器的部分装置，同时雪雕成型器也是丰富3D打印技术材料进一步发展的一个优化方向。雪雕打印的材料成本也相对较低，原材料主要为水，直接转化为雪打印出来，大大降低了雪雕制作的雪块成本和人工成本，造型上更易调整和修改。我国已有研究机构通过3D打印技术打印出冰雪产品，显著减少了场地和环境对雪雕产品的限制，3D技术原理已在雪雕制品中使用。针对目前3D打印技术与电控雪雕成型器的关系做如下研究。

2.1.1 3D打印技术与雪雕成型器共性研究

传统雪雕制作必须经过造雪挤压雪块、设计小稿、低温环境下手工雕刻等工序，相对于其他材料，雕塑作品，工作环境辛苦，产量较低，且有很强的季节性。在电控雪雕成型器技术当中充分借鉴运用3D打印技术，可大幅提升雪雕成型器制造成品的质量。3D打印技术与电控雪雕成型器的打印工作原理一致，即发展3D打印机冰雪材料，进而直接打印出雪雕。作品制作的前期过程是在计算机中进行建模，然后通过精确的计算，得出标准、精确的模型数据，用计算机软件解决手工较难实现的艺术效果。

在日本东京理工大学，一名研究生通过修改一台桌面3D打印机，成功用水作原料打印出冰雪材质五角星雪雕。3D打印机在经过改造后，通过一个气刷挤出水，然后第二个气刷挤出HFC（液态氢氟碳化合物）气体，HFC是一种即使在室温下也能立即冷冻水的气体，于是它瞬间就将同时挤出的水冷冻成冰。

2.1.2 大幅提升雪雕制造成品率——3D打印与冰雪雕塑有机结合的实例

近年来,雕塑领域3D打印流行起来,技术流更是方兴未艾,并且不断发展,为雕塑家创作提供了新的平台。不同的3D打印材料所呈现的材料效果不尽相同,石膏细腻易碎、光敏树脂光泽、钢铁质坚硬锋利的美感,材料属性的差异,使得艺术家创作出的雕塑作品具有鲜明的个性风格,从而更好地表达自己的设计想法。3D打印技术可切实提高与优化雪雕成型器的设计应用。在成型器打印雪雕作品过程中,所需要的成雪器配置、快速冻结装置、3D打印装置共同合作打印出雪雕产品,为保证艺术造型,在耗材方面要进一步跟紧3D打印技术的发展潮流,这样其打印的材质会不断优化,打印规模也会有更大的尺寸变化。同时雪雕不仅具有更高的强度和硬度,造型更加丰富,还具有较强的密度持久性。美国宇航局的研究人员通过激光3D扫描技术,获取飞机机翼上产生的冰形状的高清晰虚拟三维数据,使用3D打印技术打印复杂的冰形状,借此来研究飞机机翼结冰问题,以更好地了解冰的形成及其对飞机的影响。

2.1.3 助力雪雕的产业发展

电脑数据模型减少了人类与模型之间的直接接触,制作时间可以根据人的生理需求与心理意愿,再结合甲方的要求,灵活调整工作时间,提高雪雕产量及质量保障。另外,雪雕的数据模型的形态、大小可自由调节,满足多元化的应用需求,具有优良的实用价值,这都有效地助力了雪雕作品的产业化的量产和造型丰富性。

例如,黑龙江省针对各地的冰雪博览会及哈尔滨每年冰雪大世界的设计,极力推进冰雪3D打印机的研制,正在研发一款根据电子数据,可实现大小任意缩放的3D冰雪专用增材制造设备,预计可实现上亿元的收入。

2.2 3D打印技术在雪雕成型器研究中存在的主要问题

随着3D打印技术新产品的不断涌现,其对雪雕作品的制作必然产生巨大的影响。但目前,虽然电控雪雕成型器研究取得了一些成果,但整体产业规模小、能力弱,迫切需要完善和解决一些问题。

2.2.1 打印材料——雪的密度及硬化问题,限制了造型的多样性

近年来,打印耗材的新科技开发有了突飞猛进的发展,理论上基本所有的材料都可以用于打印。目前打印耗材主要以橡胶、PLA材料、金属粉末、复合石膏为主,相对来说冰雪材料的打印耗材研究较少。材料方面存在的问题,一方面是打印流畅性不足,不能进行大体量雪雕打印。另一方面是雪材料的强度不够、颗粒型号不稳定,以至于不能进行复杂造型的打印、可适用打印的雪装置材料跟不上3D市场的发展。目前需要开展对现有的造雪材料的快速成型相关研究。如何通过水这个主要原材料,在雪雕成型器中实现完整打印所需雪的耗材转化,以满足快速成型技术的雪雕打印需求,这是需要解决的一个难点。

2.2.2 快速冻结成型问题是必须解决的关键点

电控雪雕成型器的雪雕产品打印需要依托3D打印技术,目前市场上能够用于冰雪类产品打印的3D打印机较少,现有技术中,通常使制冷剂(例如液态氢氟碳化合物)及颜料混合,再采用化学方

法反应冻结,从而实现成型的产品,但往往受到制冷剂的限制,停留在点单元的试验性堆积,无法进行推广应用,其成型单元往往相对较大,成型产品不够精致,难以调控[4]。又由于雪质相对其他材料松软,因此如何定型成为关键。但单独的快速冻结装置已有很成熟的技术,有多种快速冻结原型机的产品,低温3D打印机技术也有很大的进步,如何有效地整合与借鉴相关速冻成型技术,是雪雕成型器研究的关键点。

2.2.3 部分3D打印企业的雪雕成型器研究接受度不高

在世界范围内相对于其他机械制造领域的研究,电控雪雕成型器技术领域比较冷门且小众,环境性和季节性要求较强,单独的分区域研究较多,这些都限制了发展的可行性,使得其不能广泛的应用,发展相对较慢。清华大学生物制造与医疗器械前沿创新中心研究的低温沉积生物3D打印,创新性地将"滴水成冰"这一自然现象应用到了生物3D打印领域,独创了集成生物3D打印与冷冻干燥技术结合的低温沉积生物3D打印技术。从类似的低温研究领域上来看,雪雕成型器的制作成型原理相对于高精端的领域研究难度不高,但所带来经济效益的广泛性及前瞻性没有那么迫切,因此也较为滞后,无法满足市场需要。就目前的3D打印技术而言,既需要加强技术研发投入,又要整合3D打印液态和颗粒材料研究、雕塑造型软件及低温打印硬件协同配合发展。相信在不久的将来,随着3D科技的创新发展,低温雪雕成型器的技术会为雪雕的量产及艺术性提供保障。

3 促进3D打印技术在电控雪雕成型器设计应用中的对策与建议

3.1 3D打印技术与造雪机的结合运用

其实3D打印的原理就是使用相关材料,然后通过逐层叠加的形式来构造出需要的模型,其中做出一个专门的挤雪装置,是关键所在。目前研究的就是这一种新型的电控雪雕成型器,通过3D打印技术与造雪机的并构合成设计,整合造冰、造雪,进行数字化设计,3D打印出雪雕作品,极高地提升了雪雕成型器的生产效率。凝结区是多功能电控雪雕成型器的核心部分,在成型器的造雪机部分是通过在0℃的蒸发器上结成冰,再使用碎冰机进行粉碎处理来造雪。将具有一定压力的水与压缩空气注入核子圈,在核子圈的腔体内空气与水以一定比例混合,由核子圈产生雪核,利用高速流粉碎滴液,在轴流风机的大马力作用下,喷出的水雾与雪粒在抛射过程中相结合,在零下15℃左右的空中相遇冷空气结晶成雪花,这样可使雪量集中、出雪量大、形成时间短。该系统由喷嘴、圆盘、喷管、轴流风机、核子圈等几部分组成。由于造雪机工作环境为15℃以下,工作介质为水,故在造雪系统外圈设计了加热管,用来防止管路中水冻结,提高了设备的工作稳定性[5]。

电控雪雕成型器结合传统造雪机与3D打印机的核心部件,其主要结构包括造雪结构、储雪、3D打印装置、铺料机构、移动台板、雾化喷头和快速冷冻装置,从而实现基于3D打印机产品组的系列建模与造雪材料装置研究的雪雕打印成型器设计。

3.2 喷头的改良设置,解决雪材的打印问题

根据雪低温、松软的特点采用低温喷墨沉积的打印原理方法。核心就是喷墨打印头的优化设计。根据雪的颗粒特点调整大喷孔直径,多次实验所得数据为造雪装置完成造雪之后,电动装置雪仓底板上移,将被打印的雪颗粒材料刮至储雪罐。温度处理成-40℃至-10℃备用,打印装置将雪层

压紧，现有喷头换大口径喷头，挤出机换喷气机，先在工作台铺一层雪，雪雕机根据该切面数据，驱动打印喷头沿打印路径喷射雪颗粒，在形成截面处由阵列喷头喷射水将该层雪颗粒凝结在一起，完成一层打印，铺雪底板下降一个层高，然后另一层按照当前截面图形再次喷铺雪打印，再次凝结，以此往复，层层打印，在低温环境下喷射出的雾化冷水迅速冷凝，将喷头打印铺出的雪黏结成型。以上步骤不断重复，最终得到成品雪雕。

3.3　解决打印雪雕的凝固成型问题

此概念由密苏里大学罗拉分校的 Ming Leu 博士提出。如图1所示，快速冻结原型机利用一个准确定位喷头将水一层一层撒到冷却台上，液体水快速转化为固体，形成一个晶莹剔透的原型。这并不是简单的洒水，科学家们花了大量的时间研究了热力学原理，以及水的固液态转化过程，才准确定义了水滴的大小、喷水的速度，以及冷却温度等。通过设置在机架上的冷床，在指定区域采用喷头喷射液体，打印头喷出的液体遇到低温型雪将黏合凝固，顺利凝结成所需要的雪雕实体。

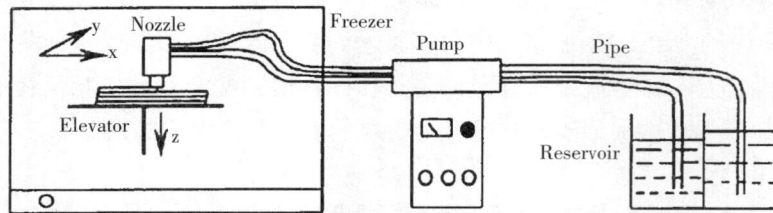

图1　快速冻结原型机的工作原理

3.4　采取措施提升科研者的信心

为更好地促进3D科技的发展，进而借助3D打印技术优化电控雪雕成型器设计，未来需进一步加强3D打印技术材料配置研发及相关成型器研究。可采取如下措施：第一，构建国家型3D打印技术的新型创新载体和打印技术公共服务平台，打通技术、商业、资本之间的分割与壁垒；第二，可组织相关领域技术人员到国外参观访问，了解国外雪雕成型器领域应用3D打印技术的现状[6]；第三，对于致力3D打印技术研发的机构、高校及相关企业，给予更多的财政支持，在高校面向社会和学生开办3D打印精英班；第四，鼓励3D打印融资，加速产业孵化，并给予政策支持。

4　结　论

不难发现，科技的进步会刺激艺术的大胆创新，3D打印技术对于雪雕成型器的研究，必将为雪雕创作打造新的纪元，推动雪雕作品的创新发展。3D打印技术是一种革命性的产业技术，是一种对未来科技发展的探索与展望。而传统雪雕作为一种传统艺术，饱含艺术家的情怀和历史积淀的文明传承。雪雕成型器将借助3D打印技术更加放飞艺术家的创作思维，创作出更快更精的雪雕作品，为社会提供源源不断的创新力量。

参考文献

[1]　朱则刚.科技支撑3D打印技术发展创新引领制造产业市场未来[J].网印工业,2015(3):49--53.

［2］ 国家标准委等六部门发布《增材制造标准领航行动计划（2020-2022 年）》［J］.中国标准化,2020
（4）:29.

［3］ 朝夕.2020 十大3D打印创新［J］.互联网周刊,2020（10）:62-63.

［4］ 重庆大学.一种冰雕打印机:201910489902.9［P］.2019-06-03.

［5］ 杨立祥.造雪机的研究及分析［J］.机电产品开发与创新,2010,23（3）:43-45.

［6］ 高军.3D打印技术在机械制造领域中的应用研究［J］.天津中德应用技术大学学报,2020,38（5）:
43-46.

语言研究

交往行为三个有效性在文化人类学实地调查中的应用研究

吴敬辉　窦靖茹

沈阳化工大学外国语学院

摘　要：运用社会学与文化人类学中的交往行为理论中三个有效性原则，即用真实性、公正性、真诚性，去分析与解读文化人类学的研究手段之一的实地调查，阐明调查过程中交往双方访谈的效度问题。首先就访谈的目的，访谈双边交往关系中经常遇见的交往障碍做出阐释。然后提出利于访谈交往过程顺畅可参考的理论，即交往主体应该遵守交往行为理论的三个有效性，并结合具体访谈案例进行分析。文化人类学实地调查中需遵照交往行为理论三个有效性，在交往行为中更多的同目标群体进行、平等、深入的交谈，方能实现主–主关系的信任，保证调查效度。

关键词：行为交往理论；三个有效性；实地调查

引　言

文化人类学家在实地调研考察工作期间的目标是把一种陌生或不寻常的文化特征客观呈现出来，且向大众描述此文化内涵特征及文化溯源。人类学家将世界的文化多样性及独特性展示出来，通过与其他文化进行比较来帮助人们以新的方式思考自己文化的各个方面。实地调查是基于参与者观察，民族志学家通过参与当地生活来观察分析。此过程包含不同文化的碰撞与融合。哈贝马斯提出交往行为是个人基于相互协商和论证而采取的合作行为，并且提出了交往行为理论，促进主体间交际更加和谐。由于文化背景的差异，在调查者与被调查者的交流互动中，做好这项复杂的工作需要调研者付出大量的努力，做好实地调查前期交往理论准备。当调研者在融入目标群体遇到阻碍时，根据交往背景要求，双边交往中应尽量减少调研者自身固有文化对所调查的区域及主体人群风俗、文化理解的影响，克服民族偏见，更多地去观察、聆听，有意识地以目标文化为坐标去理解客观事物。为了推动双方交流更加顺畅，真实性、公正性及真诚性应该有助于双方交流行为的效度。

1　实地调查

文化人类学的首要调研手段就是实地调查。实地调查是文化人类学学科最直接、最基本的方法。[1]实地参与现场的调查研究工作，都可称为"田野研究"或"实地研究"。通过调研者实地调查，得到第一手材料，以亲身体验来印证文化人类学的相关理论，体会被调查者的风俗、奇特的文化现象。这要求调研者深入被研究对象的真实的生活环境，通过直观切身的生活体验，客观记录并

基金项目：中国学位与研究生教育研究课题"英语专业研究生个体'由表及里'的创新能力培养研究"（2020MSA436）。

解析被研究对象语言的使用、选择，民俗、民风和全面社区构成、风貌等全面的信息，继而获取最真实的第一手的调研资料。调查者在实证调研中用笔记、图片、录音、摄像等记录手段捕捉调研对象的真实文化生活。调研人员最好深入融入被调查者的生活世界、文化世界、情感世界，它们与交往行为理论中的三个世界即客观世界、社会世界和主观世界分别对应。在三维世界中比较全面地收集、调查、解析非主流文化现象的物质、文化，情感外显。通过生活和情感的融入，实现调研者与被调研者的相互接受，实现情感共情，更加真实深入地解析当地文化的独特性及存在的土壤。

2　实地调查的双边交流难点

文化人类学家的实地调查工作是一项有风险的工作，人类学家起初像婴儿一样进入现场，他们可能无法沟通，直到他们大致了解了当地语言。他们可能会犯错误，而当地人会认为他们很奇怪。所有这些描述都强调了实地调查的复杂性，做好这项复杂的工作需要调研者付出大量的努力，在尊重、平等的基础上与目标群体建立友好关系，减少彼此间的误解，从而促进实地调查的顺利开展。

调查阶段应注意如下几方面：首先，调研者应该充分了解目标群体所遵从的社交礼仪及文化行为禁忌，入乡随俗，尊重异文化及当地人群。其次，调研者应当注意自身的形象，行为得体。访谈过程要深入细节，问题设置要有技巧，善于倾听访谈对象对群体文化内涵与外延的讲述与理解。然而，现实中的实地调查常常存在一些问题，使实地调查的过程及结论不尽完美。如调研者即使已经在目标环境中生活了一段时间，但在情感和思想上仍然无法摆脱其固有的文化、生活习惯，这使得他们无法真正融入目标环境，只能记录一些特定民俗的外在形式，无法记录目标人群内在的文化与真实情感。另外，被调查者对新入人员怀有警惕心理，有意或潜意识里产生对异己人员的语言及行为的排斥，使调研者无法融入其真实的生活世界，难以得到其真实的文化表现及文化溯源，调查过程中难以形成双边的融洽关系。如何使调研者更快融入目标环境，进而获得被研究对象的情感认同，实现精神交往，挖掘到文化本源，值得实地调查人员地深入研究。

3　哈贝马斯的交往行为理论

20世纪70年代末，德国著名的哲学家和社会学家尤尔根·哈贝马斯在《交往行为理论》中首次提出了交往行为的概念。他的交往行为理论由话语分析、交互主体、三个世界、有效性等重要概念组成。哈贝马斯的交往行为理论改进了先前的交往行为理论，即"主体-客体"单边关系，认为人与人的交往行为应该是"主体-主体"之间的双向平等关系，即要体现主体间性。他所说的共同体，是指特定社会主体通过特定互动行为结成的稳定社会关系的总体。[2]该理论在生活实践中更多地体现及运用在社会学和哲学领域，在需要规范主体间关系的领域，该理论的应用可以使之更顺畅，达到交往目的。在实地调查中，调研者主要通过与目标环境中的人不断交往，进而融入目标环境。本文尝试用交往行为理论去帮助调研者妥善地处理自身文化习惯同目标环境中群体的差异，尝试用交往行为理论去规范调研者与被调查者之间的交往行为，进而使实地调查的结果更具效度及信度。

哈贝马斯的行为交往理论提出三个有效性来规范主体之间的交往：真实性、公正性、真诚性。交往行为的产生需要话语行为的有效性，作为调查行为效度支撑。哈贝马斯认为，承认、重视并遵守共同的社会规范效准，是实现交往行为合理化的基本前提和条件。[3]他在三个有效性的基础上发展了他的交往行动概念：在达成相互理解的过程中，交往行动用于传播和更新文化知识。

　　真实性是指行为主体应当在真实的语境下进行交往行为，表述主体自身认为真实的语言、态度及行为。这要求调查者在与目标调查对象交往时，传达的信息应当基于真实的生活环境，不传达虚假的、缺乏信度的信息。同时敏锐地洞察对方的语言、行为信息是否具有真实性，并尽量创造实现信息真实性的语境。公正性是指交往行为的主体之间应当互相尊重、平等交往。调研者应避免凌驾、高于被调查者。调研者应尽量收敛自身语言行为或文化习惯对被调研者的影响，以达到交往过程中行为交往步调的一致，最大限度地实现主体间情感上的共情。真诚性指交往主体应表达真实的情感态度。实地调查中的调研人员应当在交往中显示出自己的真诚，鼓励被调查者表达真实情感，有时个体甚至群体情感带有一定的独特性和主观性，调研者需要对所收集到的语言、行为、情感等进行分析、解读。总之，三个有效性体现交往行为的客观要求及主体间的主观态度，唯有积极遵守，方能实现主体间交往的效度。

4　从交往行为理论出发分析具体实地调查案例中的交往行为

　　带着哈贝马斯的三个有效性原则的理论准备，在具体的实地调查案例中，调查者需要在实践中遵循长期性、参与性、深入性的要求。即调查者需要与被调查对象共同生活较长一段时间，双方需要从多方面进行文化及社会适应，获得情感上的信任。马林诺夫斯基指出，参与者的观察是一种重要工具，通过参与观察，马林诺夫斯基了解了特罗布里恩德岛人的善变、[4] 他与生活的关系，了解他对世界的看法。在文化人类学领域，中外人类学家为了调查一个偏僻遥远的村落，都会在调查地点生活半年以上。并且与被调查者平等地生活在一起，甚至带着自己的家人，参加当地的文化活动，如上学、工作。这样被调查者才能放下戒备心理，与调查者产生情感共鸣，才能对调查者所要调查的问题提供客观、真实、全面的信息，包括议题背景、现状、看法、症结、希望等。

　　在著名人类学家 Emily A. Schultz 和 Robert H. Lavenda 所撰写的 *Cultural Anthropology* 这本书中，有许多实地调查案例证实了哈贝马斯交际行为理论三个有效性在实地调查中的重要性。如人类学家奥格·兰开斯特在20世纪80年代对尼加拉瓜中部地区调研时，就被当地一位老人认为是间谍。另一位人类学家拉宾诺在调研摩洛哥时与当地人阿里起了摩擦，当他以为彼此交流要以失败告终时，却发现线人与他的关系较之前更加友好。后来拉宾诺了解到，摩洛哥男人一直在互相试探，看在自己的主张受到挑战之前，他们能坚持到什么程度。在这个世界上一个全盘接受一切的人，不会受到尊敬或钦佩，而是被视为软弱。[5] 由此也可验证哈贝马斯行为交往理论的重要性，尊重是相互的，在平等尊重的基础上需要表达真情实感，而不是一味地忍让与掩饰，感情的真实流露反而更能促进交流的顺畅。我们可以看到不同的文化背景下，不同的人对同一种行为会有不同的理解。这就更需要田野工作者在实地调查中，合理运用哈贝马斯行为交往理论，促使调研者与被调研者交流顺畅，实现主体间交流的效度。

　　另一个案例是东南亚地域研究所的日本人类学家 Yoko Hayanmi，她为了获第一手资料，更好地揭示卡伦村的文化全貌，花费了将近30年的时间调查位于泰国北部山区的卡伦村。她深入到少数民族卡伦族的生产和生活中去，与当地人深度融合，尽量参与他们的吃穿、住行、劳动、休息、娱乐等。这种方式使得 Yoko Hayanmi 可以切实直观地从多个角度了解卡伦族人民生活中特有的社会现象和活动，使其调查过程和结果更加具有真实性。在调查开始之前，她初步了解到卡伦村人口大约有38万人，知道卡伦族是生活在泰国北部山区的众多少数民族之一，但对卡伦其他文化习俗一无所知。在和当地居民一起生活和学习他们的语言时，她凭借调查者的专业水平和敏感程度，克服文化差异，多处捕捉挖掘材料，进行细心观察。

一是她观察卡伦族本土居民。一开始当地居民对她怀有戒备心理，于是她采取了"先交朋友后聊天"的方式[6]，在与卡伦族本土居民对话中保持双向人格平等，双边互相尊重，保持同理心，产生了彼此间的信任感。同时，她十分讲究文明礼貌。依照公正性原则，她放下了调研者的架子，与被调查者平等交往，并向他们虚心请教。以这种方式，她逐渐被目标群体所接纳，慢慢进入了被调查者的精神世界，与其建立了如同家人的亲密关系，融入了当地生活，从而获得了可靠的第一手资料。她了解了当地居民的衣食住行，知道了他们如何照顾他们的老人，以及女人是如何度过她们的生活等。

二是她观察卡伦村的风俗民情。首先她摒弃作为调研者的优越感，与被调查者进行平等的交流与对话，尊重当地的风俗习惯。她了解到手腕系绳是卡伦族的一个习俗，此仪式是当地居民为了祈求健康，在有人做了噩梦出了意外或在旅行前举行。例如，如果一个小孩摔倒，他们的父母就会立刻给孩子手腕上系绳。在调查阶段，当地居民从一开始的排斥到乐意为她举行这个仪式，这也反映了在实地调查中真诚的重要性。只有相互尊重、真诚相待，才能融入当中，体会到当地风俗民情内在的文化内涵。

三是她观察卡伦村的生产、庄稼长势等。这也侧面说明在实地调查中之所以要进行长期的参与性观察，是因为以观察从事农业的人为例，要观察一个完整的活动周期就需要一年的时间。另一个更加重要的原因是，只有这样人类学家才可以和当地人建立信任关系，在某种程度上，人类学家才可以完全融入其中，从而有更多的机会了解他们的生活。情感上的互相信任，是进行实地调查必不可少的部分。

四是在调查过程中她发现，随着社会的发展，卡伦族的年轻人大多去城市打工，村中老龄化现象严重，她聚焦于当地老年人如何生活这个问题继续展开调查。她通过积极走访与交谈观察到，在这个村子里，老人时常聚集在一起，当地居民认为那个人今天是孤独的，就会去拜访他们，或者他们认为"每个人都在那里聚会，我也要加入其中"。最后调查者得出结论，以这种方式在一起，创造关心他人的机会，是卡伦族文化的基础。

Yoko Hayanmi 通过正确运用交往行为理论，克服了双方的文化差异，与当地居民建立了深厚情谊，收集到许多宝贵的资料，很好地完成了调查任务，成功为我们揭示了卡伦族文化的全貌。

从以上实地调查的案例我们不难发现，人类学家只有遵循哈贝马斯人际交往理论的三个效度，遵循真实性、真诚性、公正性，以平等的心态与被调查者交往，才可以和目标群体以及线人进行成功的交流，才能收集更加准确真实的第一手资料，更好地进行并完成实地调查。

5 结 论

这些从实地调查收集来的第一手调查记录，或是发生在真实生活世界的调研工作，或是基于特定环境、特定身份下人与人的交往，形成了社会世界；调查记录中所收录的每个案例的语言表述具有一定的共性，也具有一定的个性，其个性的部分就是主观世界的体现。可以说，实地调查中的交往行为发生在"三个世界"的大背景下。调查者从交往行为理论的角度来审视实地调查，调查发生在真实的工作环境，但其观察和交往都是基于客观世界的，所以其记录具有真实性。同时，调查者以观察者的身份融入到当地真实的工作氛围中，成为其中的一员，遵守当地的工作方法，没有让自身具有的文化影响到当地文化，很好的体现了公正性要求，最大限度地展现与被调查者的文化适应。

综上，交往行为理论需要调研者在交往行为中同目标群体进行平等、深入的交谈，进而去体会目标群体文化现象背后的内隐的因素溯源。本文试图从交往行为理论的角度去分析实地调查中调查者和目标个体或群体的交往行为，希望能为今后的相关研究有效性提供一个新的研究视角。

参考文献

［1］ 章衍.人类学方法在历史研究中的运用:以《蒙塔尤》为个案的分析［J］.史学理论研究,2010(1):66-78,159.

［2］ 杨礼银.哈贝马斯社会整合理论中共同体的三个基本层面［J］.哲学研究,2019(10):116-125.

［3］ 傅永军.哈贝马斯交往行为合理化理论述评［J］.山东大学学报(哲学社会科学版),2003(3):9-14.

［4］ 马威,哈正利.在科学与人文之间:马林诺夫斯基的现代性人类学［J］.西北民族研究,2020(2):178-189.

［5］ SCHULTZ E A, LAVENDA R H. Cultural Anthropology ［M］. New York: Oxford University Press, 2018,62-64.

［6］ 孙秋云.田野工作与民族学研究［J］.中南民族学院学报(哲学社会科学版),1999(4):47-50.

机械形式与审美意识形态的冲突与融合

——论21世纪美国诗歌的新发展

高伟华　陈柯煊　谭洪菊　郭晟昊

沈阳化工大学

摘　要： 21世纪美国诗歌在继承20世纪诗歌传统的基础上，在创作与批评方面也发生了不小的变化。机械形式研究日渐成为美国诗歌领域的一种时尚的元素。作为一种新的文学样式和批评理论，机械形式和以事件为载体的审美意识形态发生了激烈的冲突和对抗，两者在文学开放与包容的土壤下实现了融合与交汇，最终促进21世纪美国诗歌向着积极健康的方向发展。

关键词： 机械形式；审美意识形态；美国诗歌

引　言

　　20世纪晚期，美国诗歌领域动荡不安，占据主流文化的现实主义诗歌、新形式主义诗歌和语言诗歌呈现三足鼎立之势，同时辅以少数族裔诗歌和女性主义诗歌等，使得美国诗歌呈现出很强的多元文化特色。但这一时期美国诗歌领域始终没有出现像T.S.艾略特那样的诗歌创作天才，也没有出现像新批评派那样起领导作用的诗歌理论研究的中心堡垒。

　　步入21世纪以来，美国诗歌领域出现了新的气象，机械形式日渐成为美国诗歌研究的一种时尚元素。所谓机械形式（mechanical form），原意是"在给定的素材上应用预定的形式"[1]，类似于我国律诗或词牌的创作批评理论，该批评理论最初发端于英国浪漫主义时期，但在当时诗歌理论的论战中，这一理论是不及与之相对应的有机理论（organicism）的。S.T.柯勒律治认为，机械形式的诗歌低于有机形式的诗歌，因为机械形式的诗歌，素材和形式之间没有必要的、有意义的关系，而有机形式的诗歌则侧重表述内容和表述形式之间的密切关系[2]。但是近年来，随着西方文化逐渐由知识话语向意识形态文本转化，机械形式与有机理论的关系在论战中也发生了逆转，机械形式以其自身独特的优势得到了更多的重视。诗人要求以更大胆、更自由的方式表达自身的意识形态诉求。由于机械形式素材和形式之间的分离，可以给予诗人在创作时更大的伸展空间，因此现实主义诗歌、新形式主义诗歌和语言诗歌等竞相采取这种诗歌形式。

　　从发展来看，21世纪美国诗歌的机械形式研究必将成为21世纪研究的热点之一。而目前对其理论溯源、现实得失和未来趋向的研究却缺乏系统的评说和深层探讨，仅有一些单篇论文涉及了这个问题。美国华盛顿大学的B.M.Reed等学者论述了"机械形式"，分析探讨了六节六行体、加扎尔、字母诗以及一些尚未命名的即兴的试验性诗歌形式，成为新世纪探讨该理论的急先锋，但却未对该类诗歌的审美意识形态属性做深入探讨[1]。国内部分学者则从"见证诗歌"的角度探索了21世纪美国

　　基金项目：辽宁省教育厅科学研究项目"21世纪美国诗歌的机械形式研究"（WJ2020009）。

诗歌发展的新趋势[3]，这种观点强调诗歌的社会责任和政治性，看到了意识形态在21世纪所占的重要地位，但不免偏颇地忽视了21世纪美国诗歌的机械创新形式及其审美意识形态。就国内外来说，现有的研究往往忽略对21世纪美国诗歌机械形式批评理论的全面把握、深入研究与学理建设。研究者更多的是在就事论事、以点对点，而没有致力于建构一个科学的、完整的、面向未来的机械形式诗歌理论体系。正如任何事物都要经历质疑、调整方能走向成熟一样，由"机械形式"牵涉的21世纪美国诗歌理论研究也在面临着如何定位与前行的问题。

1　研究价值

机械形式是一种有效的审美意识形态表达方式，审美意识形态可以借助机械形式模仿、刻画、表现题材，使题材形式化，人们透过形式去感受审美意识；审美意识形态不可能完全脱离机械形式，机械形式是审美意识形态的载体，人们面对诗歌需要形式；机械形式与审美意识形态有契合之处，二者具有"互文性"，对机械形式的外在表达和审美意识形态的辩证思考，可以互为阐发和说明，形成巨大的表现力量。

机械形式将以其庞大的活力和渗透性，在21世纪美国诗歌领域中占据相当的版图和言说力度。本研究旨在以机械形式为切入点，从理论和现象层面对21世纪美国诗歌的流变进行审美意识形态的观照，同时对美国诗歌理论的多元发展的缺失给予评说，分析其期待与限度。本研究所进行的是对当前美国诗歌理论流派的探询与建设，有助于完善美国诗歌理论的结构，丰富书写样式，提升我们的学术意识，丰富我们的学科理念，是一个具有前瞻性与接续性的研究课题。

本研究以"机械形式"为界面，突破传统的视野屏障和方法界限，在系统的理念指引下，构建起一个整合性的研究视域和框架，从而能够比较合适地贴近21世纪美国诗歌创作的实际，进而对美国诗歌资源进行重新清理和对美国诗歌的内在秩序进行重新发掘整理。以科学的、合理的研究观念分析评价21世纪美国诗歌机械形式的批评理论；关注其优势和缺憾；对机械形式在21世纪美国诗歌发展进程中所发生的变化予以及时、客观的表述与评价；弘扬诗歌文化的超越精神，使诗歌文化向着健康、完善的道路发展。

2　机械形式与审美意识形态的冲突与对抗

21世纪美国诗歌的机械形式，是对20世纪诗歌传统的扬弃。现实主义诗歌、新形式主义诗歌和语言诗歌在20世纪对诗歌形式做出了先锋的探索，但诗人们似乎是厌倦了先锋派无穷无尽的形式创新，而留恋昔日英语诗歌的辉煌，他们愿意把诗歌的形式定格到过去的格律诗。于是，机械形式的美国诗歌应运而生，流行于乔叟之前的字母诗（Abecedaries）再度盛行，诗人们希望看到格式的工整美观。达纳·乔伊埃呼吁诗人们注意诗歌形式，回到以歌及故事为主的传统形式[4]。他的这一声呐喊，引起了美国国内的巨大响应，一时之间，十四行诗、六节六行体、加扎尔等格律诗不断推陈出新，蔚为大观。在此同时，美国国内大学的诗歌工作坊如雨后春笋般蓬勃而生[5]。这些工作坊虽然标榜学生诗歌创作的创新与创造，但其培训过程无疑是机械形式的，让学生首先有章可循，因为教授鼓励学生创作之前，往往都是教授讲授"诗歌创作理论和技术"，然后辅以讨论的评价教学。其中作诗环节也是机械形式的，比如当堂作诗，要求学生涂黑所有文字直至留下不同的十行上不同的10个词并以此即兴赋诗。再比如，学生可以与隔壁同学两人一组轮流随意说出20个词后，共同选择

10个词当堂各作一首诗。这些环节明显是把机械形式提高到教学层次上来了。2018年NEA公布的2017年调查数据显示，从2012年到2017年美国诗歌读者大幅增加。据此，美国媒体认为当前美国诗歌不仅没有衰落，反而出现了复兴[5]。在美国诗歌复兴的浪潮中，机械形式的出现，无疑起到了巨大的推动作用。

与机械形式复古的趋势相对应的是美国诗歌的审美意识形态书写的创新。步入21世纪以来，美国诗歌已经逐渐突破知识话语的藩篱，强调诗歌的社会责任与政治性，主张诗歌以见证、记录历史及重大事件为己任，这样，美国诗歌的内容题材又回归到现实的纬度，展现对人类共同命运的深思。这样，美国诗歌呈现出了新的审美意识形态属性。新的审美意识形态强调事件的内涵意义，借助于内涵的意义展现出事件的审美意蕴。这无疑是在强调内容与审美形式的有机融合，因而在本质上，这种审美意识形态的书写是有机形式的书写，与机械形式的书写存在着难以调和的一面。特别是语言诗派，他们一直执着于诗歌的创新，不断地探索诗歌中的审美意识形态及其为社会服务的功能。伯恩斯坦教授就一直坚持实用诗歌的主张，认为诗歌可以用来更新世界，绝对不会脱离政治而存在，诗歌的真谛不在于情感而在于感觉，诗歌的功能在于强化审美体验[6]。这种审美意识形态书写的主张自20世纪末初见端倪，进入21世纪以后，得到了更加广泛的认可和赞誉，已经形成一股巨大的洪流，渗透在美国生活的诸多领域。特别是随着互联网的发展，美国的很多诗人心系天下，以审美的形式表达和记录现实事件。

但不可否认的是，美国诗歌的审美意识形态书写绝不是单一存在的，而是和机械形式交融汇合、并列前行的。那么，他们是怎么在美国诗歌界汇合的呢？下面将着重阐释这一部分。

3　机械形式与审美意识形态的融合与交汇

就21世纪美国诗歌本身而言，无论是保持当下的先锋派形态，还是转型成为新的机械形式，都有必要坚守文学的心灵诉求、人性关怀与精神超越，这在网络化时代具有救赎人心的特殊意义。美国诗歌是世界文学的一部分，是具象思维的呈现，抽象的、潜意识的部分则恰恰是诗歌魅力之所在。文质彬彬、臻于至善是诗歌文学追求的方向。文学始终是开放的，只会更丰富，却永远不会走向终结。因此，诗歌的审美力量就应该是机械形式所固有的本质属性。

当下，日新月异的生活为机械形式的发展与审美意识形态的融合提供了多种可能性。网络化时代，美国的诗人们更愿意将"文学性"即文学的精神向诗歌的机械形式"扩张"，把原本属于意识形态的审美化概念扩展到一切诗歌文本中。将知识话语的方法理念与价值观引入对意识形态诗歌的读解，导向对一切意识书写的现代性意义价值的追寻，他们在创造诗歌、品评诗歌时更愿意做到诗中有意、意中有诗。这样机械形式与意识形态的结合消除了美国诗歌长期以来的凝滞，形成了诗歌文学"作者得于心，览者会以意"等超越性与经典化的审美。同时，随着互联网的发展，诗人可以更加便利地面对各种书写，各种聊天软件更是让人有在瞬间创作的灵感，机械的形式可以让人更加自由地展现内心的意识形态，随时随地记录事件。这一趋向对诗歌语言的开发与利用必然会产生双重影响。一方面可弥补诗歌在技术层面的欠缺，像T. Donnelly等的作品就给我们提供了高清晰度的写实；而另一方面却易使文学滑入形式的窠臼，用厚厚的格式盖住心虚的线条，缺少象征与深度。21世纪美国诗歌的机械形式本身并不是一种自在的现象，也不是一个简单的技术名词，而是集现实主义诗歌、新形式主义诗歌和语言诗歌为一体，同时贯穿浓厚意识形态的综合关系，因此要对其进行全面深入的综合研究。那么，如何将机械形式与审美意识形态较好地融合呢?

诗歌是语言的艺术，21世纪美国诗歌所传递的不仅是表层情感，而且是潜在的美学信息。过度沉迷于机械形式则意味着主体自我的迷失、理性精神的缺失、深度美感意义的丧失，在根本上造成人性的平面与想象的匮乏，丢失了人性在历史进化中所获得的诗性。避免"模式化"思维方式的流弊，尽量亲近语言文字——不仅仅是接受由语言文字保管并传承诗歌传统，更要通过使用语言文字而养成由浅入深、由有至无、由确定至于不定的诗歌思维方式与书写方式，在面对所谓"形式"与题材时获得一种否定性、批判性和超越性的向度。21世纪美国诗歌在机械形式的外表下仍在"诗意地"捍卫语言文字的本性：既定型并呈现世界，又暗示并保护世界的深度、无限与神秘；既能"状难写之景如在目前"，又能"含不尽之意见于言外"。

4　结　论

关于21世纪美国诗歌中机械形式的问题，目前是创作现象超前而理论研究滞后。因此，梳理机械形式的渊源、表现、转型、缺憾及未来趋向，除了为21世纪美国诗歌提供价值观的新层面，还有方法论的新视角，具备一定的理论和实际应用价值。

4.1　对21世纪美国诗歌批评标准的丰富

对21世纪美国诗歌的机械形式的探讨是文学批评理论构建的一种，面对现今如此纷繁的局面，理论研究难免存在着观念上的偏执、理解上的静态、研究上的单向等弱点。姑且不能说本研究可以克服如上种种缺憾，但以客观的、动态的、现实的方式来实现理论的建构，至少在个性与共性、自由与限度、传统与现代契合等方面提供了科学的可能和积极的尝试。对21世纪美国诗歌机械形式研究是当下学术界的热点，本对于21世纪美国诗歌的研究具有扩大空间、实现可持续发展的意义。

4.2　对美国诗歌传统的重新认识

在美国诗歌传统的流脉中，主导文化阵营的知识话语与意识形态文本之间有过间接或直接的冲突，机械形式的出现在某种程度上弥合了两者之间的矛盾。因为机械形式可以丰富语言的表达手段，表征隐形的意识形态，是对传统的现实主义诗歌、新形式主义诗歌和语言诗歌的重新凝练。诗歌文学永远存在着继续超越的目标，本研究就是要弘扬诗歌文学本身具有的实验和探索性质，促使其向着合理的方向发展。

4.3　对21世纪美国诗歌创作的判断

当代美国诗坛的现状是空前活跃的，机械形式诗歌创作超前于机械形式理论批评，前者的前卫与激进姿态使后者显得滞后、被动。机械形式的体验性、创新性应得到认可和升发，21世纪美国诗歌正是要通过强调机械形式对外部书写的形式创新和内部话语的意识形态转型来肯定其合法性，同时又要警惕形式与内容的过度分离而滑入玩弄文字的窠臼，导致文学性的遗失与淡化、美感的失落与变异等。

参考文献

［1］ 瑞德,郭萍.21世纪美国诗歌与诗歌的机械形式(英文)［J］.外国文学研究,2010,32(2):10-25.

［2］ ADAMS H. Critical theory since platc［M］. Orlando：Harcourt Brace Jovanovich College Publishers，1992：468.

［3］ 孙立恒."见证诗歌":21世纪美国诗歌发展新趋势［J］.英美文学研究论丛,2017(02):166-180.

［4］ 陶洁.论20世纪晚期的美国诗歌［J］.四川外语学院学报,2004(01):26-32.

［5］ 陈津津.美国大学课堂诗歌工作坊运作:以圣约翰大学为例［J］.广东外语外贸大学学报,2019,30(03):110-115,136.

［6］ 聂珍钊.查尔斯·伯恩斯坦教授访谈录(英文)［J］.外国文学研究,2007(02):10-19.